O QUE NÃO DISSE JESUS

2ª EDIÇÃO REVISTA E AMPLIADA

Solicite nosso catálogo completo, com mais de 400 títulos, onde você encontra as melhores opções do bom livro espírita: literatura infantojuvenil, contos, obras biográficas e de autoajuda, mensagens espirituais, romances, estudos doutrinários, obras básicas de Allan Kardec, e mais os esclarecedores cursos e estudos para aplicação no centro espírita – iniciação, mediunidade, reuniões mediúnicas, oratória, desobsessão, fluidos e passes.

E caso não encontre os nossos livros na livraria de sua preferência, solicite o endereço de nosso distribuidor mais próximo de você.

Edição e distribuição

EDITORA EME
Caixa Postal 1820 – CEP 13360-000 – Capivari-SP
Telefones: (19) 3491-7000 | 3491-5449
Vivo (19) 9 9983-2575 ☺ | Claro (19) 9 9317-2800
vendas@editoraeme.com.br – www.editoraeme.com.br

JOSEVAL CARNEIRO

O QUE NÃO DISSE JESUS

2ª EDIÇÃO REVISTA E AMPLIADA

No início de mais uma década, em que a Humanidade se agita sob os tormentos de cruel pandemia, o ilustre professor, escritor e advogado baiano oferece-nos esta reedição, enriquecida de atualíssimos comentários.

Capivari-SP
– 2021 –

© 2005 Joseval Carneiro

Os direitos autorais desta obra foram cedidos pelo autor para a Editora EME, o que propicia a venda dos livros com preços mais acessíveis e a manutenção de campanhas com preços especiais a Clubes do Livro de todo o Brasil.

A Editora EME mantém o Centro Espírita "Mensagem de Esperança" e patrocina, junto com outras empresas, instituições de atendimento social de Capivari-SP.

2ª edição – 1ª impressão – fevereiro/2021 – 1.000 exemplares

CAPA | André Stenico
PROJETO GRÁFICO E DIAGRAMAÇÃO | Marco Melo
REVISÃO | Rubens Toledo

Ficha catalográfica

Carneiro, Joseval, 1941
   O que não disse Jesus / Joseval Carneiro –
2ª edição fev. 2021 – Capivari, SP: Editora EME.
   200 p.
    1ª edição setembro/2005

    ISBN 978-85-7353-324-8

1. Espiritismo. 2. Doutrina. 3. Comentários religiosos. 4. Citações. I. TÍTULO.

CDD 133.9

*Com esta obra, Joseval Carneiro nos traz uma série de opor-
tunos comentários sobre o que disse o Mestre e que consta de
um conjunto de ensinos relatados pelos evangelistas, capazes
de, se aceitos e praticados, conduzirem a sociedade a uma
nova ordem, harmoniosa e pacífica.*

Sumário

À guisa de esclarecimento 11
Prefácio 13
Introdução 15
1. Senhor, por que me abandonaste? 19
2. Renascer da água e do espírito 21
3. Bem-aventurados os aflitos 27
4. Bem-aventurados os que choram... 29
5. Bem-aventurados os que têm fome e sede
   de justiça.. 31
6. Bem-aventurados os pobres de espírito 33
7. Aquele que se exaltar, será humilhado 35
8. Bem-aventurados os limpos de coração 37
9. Lavar as mãos 39
10. O escândalo necessário 43
11. Bem-aventurados os mansos e pacíficos 45
12. Bem-aventurados os misericordiosos 49
13. Oferecer a outra face 53
14. Que a mão esquerda não saiba o que faz
    a direita 57
15. Convidar para a mesa pobres e estropiados 61
16. Quem é minha mãe, quem são meus irmãos? 65

17. Fora da caridade não há salvação 69

18. O camelo, o buraco da agulha e o rico... 71

19. Os últimos serão os primeiros 75

20. Não vim trazer a paz, mas a espada 79

21. Por que Jesus falava por parábolas? 85

22. Por que comer com os publicanos
    e pecadores? 89

23. A coragem da fé 91

24. Quem quiser salvar sua vida, perdê-la-á 93

25. Olhai os lírios do campo:
    não trabalham nem fiam... 95

26. Larga tudo, toma a tua cruz e segue-me 99

27. Aos que têm, mais será dado 101

28. Onde estão os outros? 103

29. Este é o meu corpo, tomai e comei 105

30. Jesus e as parábolas 107

31. Um perfil de Jesus 109

32. *Dominus Iesus* 117

33. Mistério salvacionista de Jesus 121

34. Segunda Grande Revelação 129

35. Dai a César o que é de César 133

36. Raça de víboras! Até quando
    estarei convosco? 135

37. Ao terceiro dia ressurgiu dos mortos 137

38. Jesus, dos 12 aos 30 anos 139

39. Em verdade vos digo hoje,
    estarás comigo no paraíso 141

40. *Consumatum est* 143

41. A expulsão dos vendilhões do Templo.................. 145

42. Há muitas moradas na casa do Pai......................... 147

43. Não verás o Reino dos Céus
se não renasceres de novo.. 149

44. Meu jugo é leve... 151

45. Se vossa mão é motivo de escândalo,
cortai-a 153

46. O argueiro e a trave 155

47. O vinho de Jesus... 159

48. O êxodo, migração, dos que não
se organizaram 161

49. *Big Bang*.. 163

50. Sede perfeitos.. 167

51. Muitos os chamados, poucos os escolhidos 169

52. Os trabalhadores da última hora 171

53. Não separe o homem o que Deus juntou 175

54. Jesus veio para nos salvar, dar o seu sangue 177

55. Santa Maria, mãe de Deus 181

56. Venha a nós o vosso reino....................................... 185

Apêndice 187

À GUISA DE ESCLARECIMENTO

NUMA CONVERSA CASUAL com o presidente da nossa querida Editora EME, seu diretor, Arnaldo Camargo, em nossa residência, quando tive a honra de recebê-lo e ao ilustre Dr. Antônio Cesar Perri de Carvalho, ex-presidente da Federação Espírita Brasileira, que cumpria jornada de palestras, com lançamento do seu livro *Chico Xavier - o homem, a obra e as repercussões*, o cuidadoso editor falou-me da excelência de nosso livro *O que não disse Jesus*, esgotado há algum tempo e eu sugeri uma reedição da obra, agora ampliada.

Entusiasmado com o convite, fui dar uma olhada no exemplar que tinha na estante e surpreendi-me. O livro continha apenas 124 páginas, muito reduzido comparado a outras obras por mim publicadas, de autoajuda. Por que não reeditá-lo, fazendo as ampliações e atualizações necessárias?

E fazendo um pequeno retrospecto nas telas mentais, vislumbrei antigo comentário do então juiz de Direito de que usava o livro para leitura no culto do Evangelho no Lar, extraindo daí conteúdos para reflexão. Mais recentemente, num encontro casual, o mesmo magistrado, agora desembargador, vice-Presidente do Tribunal de Justiça da Bahia, renovava o comentário, o que me deixava possuído do "justo orgulho" de que nos fala Jesus.

Veio-nos à mente, também, um comentário da desembargadora Gardênia Duarte, com quem compartilhamos a produção e edição de livros, não só na área jurídica, como, igualmente, na de autoajuda, de que certa feita, ao chegar em casa, encontrou, na cozinha, sua "secretária" lendo esse livro, posto que sabia que ela é da Igreja Evangélica. Surpreendida, ela pediu desculpas por estar usando o livro que vira sobre a mesa, e estava gostando muito da leitura.

Com efeito, saborear as palavras do Mestre galileu, numa linguagem amena, direta, clara, melhor permite a compreensão do exato fato que a mensagem contém, confirmando o que ele proclamava, de que "muitas coisas mais teria que dizer-vos, mas não o entenderíeis", mas que o Pai nos enviaria um Consolador, que é, verdadeiramente, a mensagem do Pentateuco de Allan Kardec, a obra dos espíritos.

Dessa forma, com justo orgulho, atendi ao gentil convite da Editora, acrescentando novos capítulos para uma segunda edição, que ora apresento ao nosso estimado público leitor.

Espero, sinceramente, que tenham, como eu, o mesmo regozijo.

O Autor

Prefácio

O QUE NÃO disse Jesus é uma obra das melhores que o nosso estimado amigo Joseval Carneiro produziu, em sua vasta literatura espírita.

Tenho certeza de que os valiosos acréscimos serão muito bem-vindos pelos seus diletos leitores, eis que a palavra do Senhor, proferida há mais de dois mil anos, conquanto simples, direta, didaticamente entremeada com parábolas, até hoje guardam, para muitos, justos reclamos de um melhor esclarecimento para sua real e verdadeira compreensão, do sentido ontológico da Mensagem Divina.

Particularmente, somos apreciadores e também usuários dos textos bem elaborados pelo autor de mais de quinze obras de espiritualidade, todas bem apreciadas, que me fazem orgulhoso de integrar o círculo dos seus amigos.

Desejo renovado sucesso ao meu amigo autor.

Augusto de Lima Bispo[1]

---

1. Desembargador, vice-presidente do Tribunal de Justiça da Bahia.

Introdução

Jesus Cristo, o supremo bem que o Criador enviou ao planeta, para redimi-lo e ajudá-lo no seu progresso moral e espiritual, nada escreveu. Tudo que se sabe sobre sua vida, seus atos, suas palavras foi-nos passado pelos evangelistas, havendo versões paralelas, contraditadas por alguns, e interpretações várias das mais diversas Igrejas.

O que desejamos não é somar mais confusão na cabeça dos leitores, com dizeres contraditórios. Nem pretendemos ser, absolutamente, donos da verdade, apresentando passagens da vida do Mestre como novidade que muitos olvidassem ou ainda não tivessem dito. Nossa proposta é mais simples e objetiva: tão somente pinçar alguns aspectos polêmicos, em que verdadeiramente os cristãos, como nós, nos debatemos muitas vezes, a fim de instituir um balizador, tentando, tanto quanto possível, esclarecer as dúvidas e ensejar melhor uniformização dos fatos.

16 | Joseval Carneiro

Ele próprio, o doce rabino, sabia que à sua época não poderia dizer tudo, na forma como deveria. Por isso, como o maior pedagogo que o planeta já conheceu, preferiu dar sua mensagem cifrada por parábolas e recomendou que a ouvissem os que tivessem ouvidos para ouvir e que a vissem os que tivessem olhos para ver.

Isto é, em sua linguagem, na maior parte das vezes alegórica, para ser bem entendido por todos, por mais humildes que fossem, procurava, também, ser comedido, para não afrontar os romanos, o poder dominante, então, na Galileia.

E, em outra oportunidade, disse que nos mandaria um Consolador. Este, prometido, é o próprio espiritismo, que o mundo recebeu das mãos de Allan Kardec, trabalhador fiel a Jesus que teve a missão de organizar e catalogar os ensinos trazidos pela falange dirigida pelo Espírito de Verdade, de forma sistemática, desvelando à humanidade o verdadeiro sentido das palavras do Divino Mensageiro, podando certos exageros e, de certo modo, confirmando os evangelistas, pela palavra dos espíritos, através dos mais diversos médiuns, criteriosamente observados e escolhidos pelo professor lionês.

Por certo que, também, Kardec não foi escolhido ao acaso. Formado na escola de Jean Baptiste Pestalozzi, em Iverdum, na Suíça, onde se educou, iria tornar-se, em França, berço natural das Letras e das Artes, desde o Renascimento, um escritor famoso, oferecendo ao público obras de real valor nos campos da gramática, da matemática, da física, da fisiologia humana, a ponto de confundirem-no como médico.

E, já na casa dos 50 anos de idade, Kardec foi atraído para o fenômeno das mesas girantes e daí o contato com as jovens que intermediariam as mensagens, tudo criteriosamente classificado com o rigor científico que se permitia à época, e bem atual até hoje, legando-nos o pentateuco, as obras da codificação: *O Livro dos Espíritos, O Livro dos Médiuns, O Evangelho segundo o Espiritismo, O Céu e o Inferno* e, finalmente, *A Gênese*, a par de outras pequenas obras e da *Revista Espírita*. (Mais tarde, a senhora Allan Kardec publicaria *Obras Póstumas*.)

Já se tentou reescrever a obra kardequiana, em linguagem dita popular, merecendo críticas acerbas do mundo espírita, por entender-se violados os direitos do autor. Portanto, não pretendemos incorrer na mesma celeuma. Buscaremos, reportando-nos diretamente à fonte, nos evangelistas, discutir à luz da ontologia, da realidade, o que efetivamente, a nosso ver, disse Jesus, o mestre galileu. E, igualmente, o que ele não disse.

O Autor

Capítulo 1

Senhor, por que me abandonaste?

O GENERAL MILTON O'Reylle, filólogo de renome e escritor espírita, analisando a expressão em hebraico, *Eli, Eli, lamá sabactani*, que se atribuía a Jesus, no alto da cruz, no seu momento extremo, ulcerado pela lança dos soldados mordazes, vergastado pela impiedade do suplício da sua *via crucis*, imolado ante o clamor da opinião pública, que preferiu Barrabás a Jesus, ao cadafalso da crucificação no Monte do Gólgota, ali, no pedestal, mãos e pés cravejados, pela dor lancinante do peso do próprio corpo suportado, teria o Mestre Nazareno proferido a famosa frase.

Depois de dizer está tudo terminado (*consumatum est*), em latim, idioma que os soldados entendiam, conquanto falasse, habitualmente, em aramaico, mas, também, em hebraico, teria dito: *Eli, Eli, lamá sabactani*. O que seria, na tradução de alguns: Senhor, Senhor, por que me abandonaste!?

Entretanto, o filólogo e general considera que sendo o idioma dos hebreus pobre de locuções, usavam-se as mesmas palavras para expressar diversas coisas. Daí a confusão e o mal-entendido.

Nunca o mestre Jesus iria profanar tudo aquilo que fizera e dissera em toda sua vida, suscitando o abandono do Pai. Mesmo porque, o Criador, misericordioso, nunca abandona ninguém. Está sempre conosco, "até a consumação dos séculos".

Inteligência Suprema, não pode ser circunscrito ao formato humano (antropomorfismo). Portanto, no momento final do suplício, em verdade Jesus disse: *Senhor, Senhor, como quero glorificar-Te!*

Sim, a glória de ter vindo, servido, amparado, preparado o povo para a Boa Nova, a mensagem cristã evangélica, que iria trocar o Deus vingativo pelo Deus amor; substituindo a espada de Moisés, que aboliu o politeísmo, pela doçura do perdão, não apenas sete vezes, mas setenta vezes sete, como nós veremos em outro capítulo.

Capítulo 2

Renascer da água e do espírito

Respondendo a uma pergunta de Nicodemos, Jesus disse que "se alguém não renascer de novo, não poderá ver o reino de Deus".

E como não entendesse, Nicodemos perguntou-lhe: "Como poderia alguém, sendo velho, renascer de novo?"

> E o Mestre Nazareno explicou: "Em verdade, em verdade, te digo: Quem não renascer da água e do espírito, não pode entrar no Reino de Deus. O que é nascido da carne, é carne; o que é nascido do espírito, é espírito. O espírito sopra onde quer."

E persistindo a incredulidade de Nicodemos, completou Jesus:

> "Nós dizemos o que sabemos e testificamos o que temos visto; contudo não aceitai o nosso tes-

temunho. Tratando de coisas terrenas não me credes, como crereis se vos falar das celestiais?" (João, III: 1-12).

Estas palavras, renascer da água e do espírito, foram interpretadas no sentido da regeneração pela água do batismo. É que se acreditava que tudo girava em torno da água. O mar, o firmamento. Era um símbolo material. E ao falar do que é nascido da carne, é carne, e do espírito, é espírito, Jesus estabeleceu uma divisão entre corpo e espírito. Só o corpo procede do corpo; e o espírito independe daquele. Quanto ao espírito, diz: "Não se sabe de onde veio nem para onde vai."

Ora, se fosse criado com o corpo, se saberia de onde veio. É o princípio da preexistência, reencarnacionista, portanto. Ideia que a Igreja abraçou por muitos séculos. E conclui: Ouça-o aquele que tiver ouvidos de ouvir (Mateus, XI: 12-15), afirmando: Ele mesmo é o Elias que havia de vir, referindo-se a João Batista, que ainda vivia.

Como nem todos estavam em condições de compreender estas verdades, ele sempre repetia: Ouça quem tiver ouvidos de ouvir. Nem todos estavam preparados para compreender todas as verdades. Mesmo porque era um avanço muito grande para a época. A Lei de Moisés vigia e o povo hebreu a cumpria. Não convinha desrespeitar o sinédrio, nem os romanos, que dominavam a Palestina.

Assim, na passagem de Mateus, não há margem para dúvida. Por ele, ali, está dito: "É o Elias que há de vir". Ou seja, Elias viria antes (reencarnaria) para anunciar o

Messias, que viria em seguida. Como de fato se deu. Mas Elias veio como João Batista. E o povo não o reconheceu. Já em Isaías, tem-se a passagem:

"Os teus mortos viverão. Despertai e cantai louvores, vós que habitais no pó, porque o teu orvalho será um orvalho de luz e tu reduzirás à última ruína a terra dos gigantes" (Isaías, XVI: 10).

E em Jó:

"Todos os dias que passo agora nesta guerra, estou esperando, até que chegue a minha mutação" (Jó, XIV: 10 e 14).

Também na tradução da Igreja Grega:

"Quando o homem está morto, vive sempre; findando-se os dias da minha existência terrestre, esperarei, porque a ela voltarei novamente".

Modernamente há vários métodos que comprovam, irrefutavelmente, a reencarnação. A médica e pesquisadora Edite Fiori, por meio do que chama *Near Death Experience*, ou Experiência de Quase Morte, colheu milhares de depoimentos de pessoas, em Unidades de Terapia Intensiva (UTIs), que haviam sofrido parada cardíaca. A descrição era a visão de um túnel de luz, para onde gostaria de prosseguir, e a visão de entes queridos já desencarnados.

No mesmo sentido, Raymond Moody, 1975; Elisabeth Kübler-Ross, 1976; as experiências do *dèjá-vu*, do já visto, relatadas por Ian Stevenson, psiquiatra da Universidade de Virgínia, Estados Unidos (*Vinte casos sugestivos de reencarnação*), e por Hamendras Banerjee, da Universidade de Jaipur, Índia, e, no Brasil, pelo notável engenheiro Hernani Guimarães Andrade, mostrando relatos de pessoas que afirmavam terem vivido outras existências, em outros lugares, nominando pessoas, locais, coisas. Também as visões no leito de morte, em que pacientes descreveram pessoas já mortas, que os visitaram, fato que o moribundo muitas vezes desconhecia.

Na atualidade a psicanálise traz um contributo extraordinário, por meio das regressões a vidas passadas, feitas por médicos e psicólogos. As experiências de xenoglossia (a capacidade de falar em idiomas de que nunca se teve qualquer informação); o fenômeno da psicopictoriografia, em que um médium, com as mãos, sem pincéis, olhos fechados, em alguns segundos produz telas as mais belas, assinadas por artistas famosos, cada um em seu estilo.

Tudo isso denota a vida depois da vida (não apenas a pré-existência), a intercomunicação com os vivos, a influência, via mediúnica, nos campos energéticos do intermediário, interagindo com o mesmo, produzindo a comunicação. Algumas vezes tomando-lhe simplesmente o braço e escrevendo, sem que o mesmo se dê conta do que está produzindo, e até mesmo com as duas mãos, ao mesmo tempo, prosa de um lado e verso do outro, como ocorreu com o médium Francisco Cândido Xavier, desafiado por repórteres de uma importante revista.

Algumas personalidades reencarnacionistas: Giordano Bruno, sacerdote e filósofo italiano, que pagou com a vida, em 1600, sua rebeldia. Gibran Kalil Gibran, ensaísta, filósofo, romancista, poeta e artista libanês (1883-1931). Masaharu Taniguchi, japonês, fundador do Seicho-No-Ie. Victor Hugo e Honoré de Balzac. Benjamin Franklin e Henry Ford. Orígenes, na Antiguidade (185-254 d.C.), grande pensador do cristianismo. Santo Agostinho (257-332 d.C.), Shakespeare e Dante Alighieri, Goethe e Immanuel Kant.

De forma que ele, Jesus, não podendo à época dizer tudo, porque não poderiam compreender, apenas afirmando "ouçam os que têm ouvido de ouvir", somente despertou para um assunto que a humanidade de então desconhecia – a reencarnação, fator primordial de reequilíbrio do homem consigo mesmo, reencontro com seus algozes, para acerto de contas, no amor, pagamento de dívidas do passado, para novos progressos, porque ele mesmo disse: "Volve e reconcilia-te com teus inimigos".

Capítulo 3

Bem-aventurados os aflitos

O CAPÍTULO DAS bem-aventuranças, sem dúvida, é uma das mais belas passagens do Evangelho de Jesus. Vamos examiná-las uma a uma, procurando suscitar, com o leitor de boa vontade, a verdadeira intenção do Mestre dos mestres, porque o entendimento das suas palavras (por ele ditas, mas escritas pelos seus intérpretes e seguidores) deve obedecer à lógica, ao bom raciocínio, ao bom-senso, não mais havendo motivos para alegorias assustadoras, com que o Antigo Testamento balizou, por muitos e muitos anos, a conduta dos povos.

A bem-aventurança pregada por Jesus teve em mente a felicidade do homem, mesmo enquanto encarnado, na Terra. Conquanto o seu reino não fosse deste mundo, queriam obrigá-lo, por uma questão política entre romanos, dominadores, e judeus (povo subjugado), a confessar que era rei, a que ele, educadamente, à pergunta de Pilatos "Tu és o rei dos judeus?", respondeu: – "Tu o dizes".

Mas, em verdade, o estado de felicidade – *nirvana*, para os orientais – pode começar aqui mesmo, no orbe terráqueo. Gandhi, o grande artífice da paz, que soube libertar o povo indiano do jugo inglês sem derramamento de sangue, reagindo pela não violência, dizia que, se um incêndio queimasse todo o escrito existente sobre o Evangelho e apenas restasse o Sermão da Montanha (as bem-aventuranças), ainda assim a obra estaria salva.

Capítulo 4

Bem-aventurados os que choram...

NÃO QUE O Rabi da Galileia desejasse que os homens fossem masoquistas, vivessem chorando, entristecidos, deprimidos. Referia-se a que os que choram, padecem as injustiças dos homens, como, aliás, ele padeceu. Estes serão bem-aventurados. Por quê? Porque, ao não se rebelarem e revoltarem, estariam construindo dentro de si mesmos um paraíso, o céu da compreensão, da tolerância, da fé no Altíssimo. A vítima é muito mais feliz do que o algoz, porque, enquanto aquela provavelmente purgou sua mora, pagou sua dívida, este, ao contrário, criou uma obrigação futura: para si mesmo, impôs um débito.

Jesus não quis dizer que deveríamos viver em estado de aflição. Este é fruto da nossa invigilância, dos nossos erros do passado. Devemos apoiar-nos na prece e na fé em Deus, como ele nos ensinou. Sem desânimo. Dominando os impulsos da impaciência, da cólera, do desespero. Porque Deus não põe sobre nossos ombros fardo mais pesado do que possamos suportar, frio maior que o cobertor. A recompensa será proporcional à resignação e à coragem. Assim, bem-aventurados os que souberem provar sua fé, firmeza, coragem e perseverança, em submissão à vontade de Deus.

Quando disse que haveria choro e ranger de dentes, quis dizer que, sendo o planeta um vale de lágrimas, enquanto houvesse imperfeições humanas, não haveria paz e felicidade completas. Somente depois de curadas as chagas do corpo através da educação da alma.

Capítulo 5

Bem-aventurados os que têm fome e sede de justiça...

Aqueles que se acham injustiçados, esquecidos, maltratados, serão fartos, isto é, serão acudidos e dessedentados, recompensados, amparados. A Justiça Divina se faz pagando-se ceitil por ceitil. Não o olho por olho, dente por dente, do Corão, mas resgatando-se pela lei de ação e reação, pagando-se, como se diz, até o último tostão.

Residindo na consciência de cada um o sentimento de culpa, por faltas passadas, por débitos contraídos com a Lei da Natureza, com as coisas de Deus, enquanto não a expungir, retirando-a da mente, não haverá campo para a paz e a felicidade, que é o paraíso anelado. Não um lugar distante, mas um mergulho profundo dentro de si mesmo. O nascer de uns na miséria, enquanto outros nascem na opulência, uns cegos de nascença, outros em berço de ouro, explica-se pela lei das reencarnações, que é a lógica da Justiça Divina.

A lei humana pune, sabemos, mas não pode alcançar todas as falhas. A dos homens tem em mente a sociedade. As sanções do espírito têm em mente o próprio ser, para o seu progresso pessoal. Não há uma só falta, por mais leve que seja, que se furte à Lei de Deus, às consequências inevitáveis, reparadoras, as quais são como buril das almas. As aflições devem ser recebidas com equilíbrio, já que Deus permite que se pague, que se resgate, nesta vida, assegurando tranquilidade para o futuro. É como se se pagasse a centésima parte do que se deve e quitar-se a dívida toda. A uns, ditosos, Deus dirá: já recebestes o salário na Terra.

Capítulo 6

Bem-aventurados os pobres de espírito...

AINDA NO CAPÍTULO das bem-aventuranças tem-se que por pobres de espírito quis dizer Jesus os humildes, e não os tolos, como alguns pareciam entender, porque deles é o Reino dos Céus, e não dos orgulhosos. Enquanto estes se julgam dotados de toda sabedoria, capazes de tudo prever e gerir, não dando maior importância às coisas de Deus, intangíveis, invisíveis, os mais simples, pobres de espírito, estes terão o Reino de Deus. Ressalte-se que a condição de pobre, materialmente falando, não implica ser, também, pobre espiritualmente. E, ao reverso, o fato de ser bem dotado materialmente não retira do homem a sua grandeza de espírito, isto é, pobre em espírito, simples, sem orgulho.

A simplicidade do coração é acessível a todos, indistinta e independentemente da sua condição material ou intelectual. O ignorante detentor dessa qualidade será preferido ao sábio que não a possua, que mais crê em si que em Deus. Preferível, pois, ser pobre de espírito em nível mundano e rico em qualidades morais.

Os arrogantes são difíceis de assimilar ideias novas. Mas o simples e humilde está sempre aberto às coisas novas, do espírito, por onde crescem, elevam-se, progridem.

Aliados ao orgulho, um dos entulhos que arranha as conquistas espirituais, deixando marcas que só o tempo, ou a dor, permite um acesso mais benéfico e profícuo.

Por isso ele disse, toma da sua cruz e segue-me. Ou toma do arado e põe-se a lavrar a terra. A boa semeadura encontrará respostas construtivas, caindo em solo fértil. E o regozijo da colheita proveitosa irá irrigar seus caminhos na subida incessante em demanda da luz espiritual.

O simples fato, por exemplo, de muitos se dizerem ateus, "orgulho besta" de não se submeterem a poder algum, denota, por si só, transtornos da personalidade, que hoje a moderna psicologia transpessoal, ou a cognitiva comportamental, ou, ainda, o rico manancial trazido a lume pela benfeitora Joanna de Ângelis, na sua bem comentada série psicológica *O homem integral*, abre um espaço inolvidável na obra complementar da Doutrina dos Espíritos, em prol da evolução humana.

Capítulo 7

AQUELE QUE SE EXALTAR, SERÁ HUMILHADO

QUANDO LHE PERGUNTARAM quem seria o maior no Reino dos Céus, Jesus, tomando uma criança nos braços, disse:

> Se não vos converterdes e tornardes como crianças, de modo algum entrareis no Reino dos Céus. Aquele que se humilhar, como esta criança, este é o maior no Reino dos Céus.

O Nazareno explica que veio para servir, e não para ser servido, pois, para servir ao Pai, veio dar a vida, para edificação de muitos. Da mesma forma, os homens deveriam seguir o exemplo – servir.

E, mais tarde, ingressando na residência de um fariseu, observando os convivas, propôs Jesus a seguinte parábola:

Quando alguém for convidado a um casamento, não procure os primeiros lugares, a fim de que, sucedendo haver entre os presentes um convidado mais digno, tenha que lhe ceder o lugar. Ao contrário, assentando-se entre os últimos, será honrado pelo convite para tomar assento mais proximamente. Assim, o que se humilha, será exaltado. O que se exalta, poderá ser humilhado. Seja vosso servidor aquele que quiser tornar-se o maior.

Graças te dou, ó Pai, por que ocultaste estas coisas aos sábios e entendidos e as revelaste aos pequeninos. (Mateus, XI, 25)

O que se quis dizer foi: enquanto os sábios, também chamados prudentes, julgando-se detentores do conhecimento, não procuram, de boa-fé e com humildade, o esclarecimento, os chamados pobres de espírito e humildes estão aptos a receber a luz, a verdade. Aqueles acham que nada têm a aprender; que Deus deveria dar-se por muito feliz por atraí-los a Si, provando a eles sua existência.

Mas Deus não deveria tocá-los pessoalmente, por meio de prodígios evidentes, por meio dos quais o mais duro incrédulo teria que se curvar? Ao que poderemos responder: Que méritos teriam? Para que isto serviria? Viriam por interesse. O orgulho é a venda que lhes tapa os olhos. Que adianta apresentar a luz a um cego? Necessário se faz, antes, curar a causa do mal.

Capítulo 8

BEM-AVENTURADOS OS LIMPOS DE CORAÇÃO

TROUXERAM A JESUS umas crianças, para que as tocasse, e os discípulos tentaram impedir que chegassem até ele. O Mestre recriminou-os, dizendo-lhes:

> Deixai vir a mim os pequeninos, não os embaraceis, porque deles é o Reino de Deus. E, tomando-as nos braços e as abençoando, completou: Quem não receber o Reino de Deus como a uma criança, de maneira alguma entrará nele.

Mas como? Como a uma criança? De que modo? Jesus tomou a criança como símbolo para explicar-lhes o valor da humildade, da simplicidade, da pureza do coração, excluindo toda ideia de egoísmo e orgulho. É que a criança, conquanto um espírito reencarnado, imperfeito, sob processo retificador, apresenta-se no retorno à carne como uma página em branco no livro da Vida, apta a imprimir novos valores à personalidade, reforçar os caracteres positivos e anular os negativos. Está, portanto, numa condição especial, de candura e inocência, conquanto seja um espírito com história, com virtudes a trabalhar e erros a reparar.

Por isso disse o Mestre que o Reino dos Céus é daqueles que se lhes assemelhem, isto é, se conduzam (não apenas se apresentem superficialmente) do modo como as crianças são e se apresentam, em realidade, quer dizer, cândidas, simples, humildes, ternas, ingênuas, desprovidas de orgulho e presunções.

É claro que não se desejou que o adulto se comportasse de modo infantil o tempo todo. O ser humano amadurece, cresce, assume sua postura. O que se quis comparar, portanto, no assemelhar a uma criança, foi esse seu lado, como dito: cândido, simples, humilde, terno.

Assim, "deixai vir a mim os débeis, os fracos, os necessitados de consolação, os ignorantes, os aflitos, os desgraçados". Esse o sentido do ensinamento do maior pedagogo que a humanidade já conheceu.

Capítulo 9

LAVAR AS MÃOS

Perguntaram a Jesus por que os seus discípulos não tinham o hábito de lavar as mãos antes das refeições. O Mestre, como sempre, aproveitou a crítica aos discípulos para dar mais uma lição, um ensinamento, aos interlocutores.

Referindo-se à ingestão de alimentos, falou-lhes que o que entra pela boca vai para o ventre (estômago), mas o que sai da boca provém do coração. Aduzindo às blasfêmias proferidas e outras coisas mais, praticadas, comparou o que entra com o que sai, enfatizando que se deve dar mais importância àquilo que vem do coração, que exteriorizamos pela palavra.

De fato, lavar as mãos é mais fácil do que limpar o coração. É claro que não disse que se deveria deixar de lavar as mãos antes das refeições – hábito, aliás, arraigado nos tempos modernos, graças à descoberta do microscópio, que ensejou visualizar os microrganismos, as bactérias ou micróbios.

A boca fala daquilo de que está cheio o coração, conquanto hoje fique claro que o centro de tudo não é aquela bomba formidável, que irriga as artérias e veias, que com os pulmões oxigena o sangue e leva os nutrientes à intimidade das células, mas, sim, o cérebro, um intrincado sistema inteligente, habitado pelas energias do espírito, que elucubra, analisa, classifica, arquiva, reporta, objeto das mais atuais experiências, como a mudança nas cores conforme o pensamento se direcione para o bem ou para o mal, com a tomografia computadorizada.

Até mesmo permitindo-se, num trabalho interativo entre o paciente e seu terapeuta, convergirem essas energias, modificando-se até mesmo as pás helicoidais das moléculas do DNA, alterando o genoma, as possibilidades inscritas na história do paciente, pelas leis do determinismo, ora acoitadas pela reforma íntima iminente, arrependimentos, tomadas de decisões, perdão de velhas ofensas, esquecimento dos rancores, encurtando os processos reencarnatórios, conquanto na maioria das vezes necessitemos sofrer as injunções na carne.

Lavar as mãos é um ritual que não expunge os pecados inscritos na alma. Muito mais perniciosa é a pedra atirada, a injúria proferida, a blasfêmia lançada, as ignomínias praticadas, as traições perpetradas. A covardia exibida, a omissão praticada. As agressões gratuitas. A insânia demonstrada. Enfim, o que exibimos, além do verniz natural com que ornamos a nossa silhueta física, em face daquilo de mais importante que nos vai n'alma.

"Brilhe a vossa luz" significa a transformação do espírito, que vai exteriorizar-se nas manifestações externas das idiossincrasias que nos acometem e ornamentam os invigilantes no trato diário das coisas do mundo exterior.

O sentimento de que tudo que fazemos ou operamos vai integrar mais diretamente o âmago do nosso ser far-nos-á mais comedidos, contidos, evitando cometimentos desastrosos de que nos arrependeremos amargamente, como Judas, que contou com a presença do Mestre, após seu suicídio, envolvendo-o num manto de compreensão e alento, tendo em vista as oportunidades que lhe seriam abertas pelo Pai misericordioso, para redenção em futuras encarnações.

Em tempo de *coronavírus*[2], ouvimos dos médicos infectologistas que lavar as mãos com sabão é tão eficaz quanto o uso de álcool em gel. Lavar entre os dedos, no dorso, sob as unhas, entranhar o produto químico contido nos sabões.

---

2. Refere-se o autor à pandemia provocada pelo vírus Covid-19, que vem assolando a Terra desde dezembro de 2019.

Capítulo 10

O ESCÂNDALO NECESSÁRIO

É INEVITÁVEL QUE venha o escândalo, mas ai daquele por quem venha o escândalo, isto é, que dê motivo ao escândalo. A palavra *escândalo* dá ideia de estrépito, sofrimento, diminuição da consideração. Ninguém gostaria de envolver-se em escândalo, ou de ser objeto de escândalo. Mas no sentido evangélico, em que foi empregada, é bem mais amplo, significando não apenas o que choca a consciência alheia, mas, também, o que resulta de vícios ou das imperfeições humanas.

Assim, o ser humano, ao longo da sua existência, em face das vicissitudes da vida, poderá envolver-se em escândalo, em acontecimentos infaustos, desagradáveis, viciosos. E se ele é a causa, ou dá causa ao escândalo, claro que contrai um débito. Constitui uma falta que deverá ser por ele mesmo reparada, oportunamente.

Escândalo são os tropeços que acometem os homens. Sempre representam aprendizado, na medida em que os incita a uma reflexão sobre o acontecido, a uma avaliação de si mesmo. Portanto, escândalos podem vir, mas aqueles que os provocam, hão de sentir na carne a lei de retorno. É o resultado refletido do mal moral. O mal é uma consequência das imperfeições do homem. Estando em expiação na Terra, o homem pune a si mesmo. Por isso é necessário.

Mas ai daquele por quem venha o escândalo. Aquele que deu causa, que o provocou. Suponha que um assaltante está disposto a praticar um ato, seja qual for a consequência. E alguém na sua frente, por uma lei de atração, ação e reação, puxa para si esse cometimento inditoso. Quem sofre o mal, decorrente, expunge do seu carma esse acontecimento. Mas quem o praticou, quem executou, faz nascer uma dívida, um *karma*[3]. A lei é segura, incontornável, conquanto as orações, a ajuda de outrem e o merecimento possam mudar-lhes o curso nefasto, elidindo o fato, ou modificando-o, ou, ainda, mitigando-o.

Por isso a misericórdia divina está sempre nos abençoando, abrindo campo para o perdão das dívidas.

Os espíritos responderam a Kardec que o mundo espiritual muito mais do que supomos, influencia nossos pensamentos, atos e palavras. Que seja sempre para o bem.

---

3. Karma ou carma, vocábulo do antigo Sânscrito, dialeto extinto da Índia. Palavra significa efeito de uma ação.

Capítulo 11

Bem-aventurados os mansos e pacíficos

Por mansuetude entende-se afabilidade, doçura, em contraposição à violência. Não será só verniz da aparência, mas o verdadeiro sentimento de mansidão. Esta não deve ser entendida como acomodação, submissão, bajulação, cordeirismo, pusilanimidade, claudicação. É a paz no coração, o sentimento cordato, pacato, conciliador, capaz de perdoar uma ofensa, de compreender as fraquezas humanas, de entender as dificuldades do próximo, de sobrepor-se ao mal, respondendo com o bem. Não é o sorriso nos lábios, apenas, mas a bondade no coração. Ser altivo, sem soberba. Ser humilde, sem subserviência.

A paciência é uma forma de mansuetude. Principalmente ante as pessoas que a Providência nos defronta, diuturnamente, quando se tem a oportunidade de exercitar, na prática, o que nos vai no coração. Traduzir as palavras em atos e gestos, em todos os momentos, é uma forma de caridade. A tolerância com as mazelas, com as fraquezas, com as idiossincrasias humanas.

Cristo é o modelo. De perdão das ofensas, não apenas sete vezes, como lhe propuseram, mas setenta vezes sete, em linguagem figurada, como ele respondeu ao ser questionado. E na humilhação suprema, no Alto do Calvário, exclamou: "Perdoa-lhes, Pai, pois não sabem o que fazem."

E quando um soldado, diante de Pilatos, o governador, bateu-lhe no rosto, esbofeteando-o na face, Jesus, sem perturbar-se, mas com altivez, demonstrou dignidade, suscitando a autoridade do governador, indaga ao gendarme: "Por que me batestes?" Sem perda da mansuetude, suscitou ao representante romano do Imperador que justificasse o ato, pois lhe batera na face estando com os pulsos amarrados, indefeso. E se estivesse desamarrado certamente que também não reagiria, ao nível de devolver a ofensa.

Obediência e resignação também são formas de mansuetude. A obediência é fruto da razão. A resignação do coração. Jesus viveu numa época em que a luxúria, a sensualidade, o hedonismo, valores da carne, do homem, eram exacerbados na cultura romana. A sua palavra veio num momento em que valores mais altos precisavam ofertar às consciências modelos programáticos de comportamento e conduta, em face do novo homem que necessitava ser edificado. Obediência é disciplina, é contenção de impulsos. Resignação é aceitação dos fatos que não podem ser mudados, é submissão às leis inderrogáveis, quer da Natureza, quer de Deus.

Mas a obediência deve cingir-se às determinações normais, legais, possíveis. Não se diga "soldado mandado não tem crime", pois tem, sim, senhor. O livre-arbítrio nos conduz à avaliação de tudo que nos é imposto. E quanto à resignação, não significa plena aceitação de tudo que nos acontece, placidamente. Devemos agir e reagir, produzir mudanças, em nós mesmos, vencendo, o que é muito difícil, as nossas imperfeições, lutando por um homem novo, "cavando masmorras aos vícios e submetendo as paixões".

A cólera é outra característica da ausência de mansuetude nos corações. A justa ira, como ensinou Jesus, é a insubmissão aos erros, aos desatinos, a revolta contra os abusos. Já a cólera é a irritação, o descontrole, o desequilíbrio. A intolerância. A perda do sangue frio e da razão. O encolerizado afeta a própria saúde e atenta contra a vida. À cólera sobrevêm toxinas que se irradiam por toda a corrente sanguínea, afetando o funcionamento dos órgãos do corpo, particularmente o coração. Acarreta difusão da adrenalina, apressando estados de perturbação psíquica, física e emocional. Pode desdobrar-se em um infarto cardíaco. Ofende a humildade e a caridade cristãs. O que deseja corrigir-se, controlar-se, pode fazê-lo, basta que assuma tal determinação. Lute todo o tempo para conter essas imperfeições, que são próprias de um espírito imaturo, vencendo as paixões.

O pacífico é o contemporizador, o temperado, o que dialoga, que compreende, que aceita, que busca a causa de tudo em todos, que enxerga além do véu das aparências, que tolera e perdoa. Por isso Jesus, o Divino Consolador e Médico, prescreveu essas práticas, de bem-aventurança, em face dos mansos e pacíficos.

"Bem-aventurados os mansos, porque eles possuirão a Terra" (Mateus, V:4).

"Bem-aventurados os pacíficos, porque serão chamados filhos de Deus" (Mateus, V:9).

Capítulo 12

Bem-aventurados os misericordiosos

Perdoar setenta vezes sete, conforme respondeu Jesus à pergunta de Pedro, não significa o não perdão à quadragésima nonagésima primeira falta. É figura de retórica. Metáfora com que o Mestre quis exacerbar o valor da misericórdia, do perdão. Necessitava dar essa ênfase para maior compreensão das pessoas, à sua época. Falava a linguagem inteligível. Não apenas parábolas, mas figuras retóricas. Exemplificava com fatos palpáveis para os costumes de então.

A reconciliação com o adversário é nada menos que a tentativa de conciliação, em vez de litigar apenas. Isto é, poupar-se ao litígio, à desavença, à disputa judicial, pois já naquela época havia as leis romanas, ao lado das leis de Deus, do Decálogo, da Lei de Moisés. Duas autoridades, a do Sinédrio, religiosa, e a dos romanos, como do pagamento dos tributos, submetidos todos, tanto o cidadão, patrício romano, quanto o povo hebreu, palestino. Assim, desde aquela época, previu o Mestre a excelência da tentativa de conciliação, ao recomendar reconciliação, ou seja, examinar o que deve, pois "da prisão não sairá enquanto não pagar o último ceitil" (Mateus, vs. 25-26).

Mas não apenas apaziguar as discórdias, no plano material, devendo-se, de logo, reconciliar-se, para que não prospere e permaneça para todo o sempre, pois, tais desavenças haverão de ser, a qualquer tempo, resolvidas, reconciliadas.

O argueiro e a trave no olho também são figuras retóricas, para lembrar-nos o quanto somos capazes de observar o mínimo cisco no olho do vizinho, mas não enxergamos uma lasca de madeira (uma trave), que obstaculiza a nossa própria visão. Ou seja, somos críticos do próximo e esquecemos dos nossos erros. Em verdade devemos ser rigorosos com os nossos, e misericordiosos com os do próximo. Porque, se agimos com misericórdia, com doçura, com perdão para com as faltas alheias, somos misericordiosos. Se, ao contrário, agimos com vista grossa para com os nossos erros, se somos tolerantes para com nossas faltas, perdemos oportunidades de regenerar-nos, de melhorar-nos.

Não julgar para não ser julgado não significa abster-se de avaliação, de julgamento. Deve-se ter a consciência crítica. Mas bafejada com a misericórdia, com o amor, com o perdão. Cada qual deve responder pelo que faz. Submeter-se à lei, tanto dos homens, quanto de Deus. Lei de causa e efeito, de ação e reação.

Atire a primeira pedra o que não tiver pecado não signifi-

O QUE NÃO DISSE JESUS | 51

ca acumpliciamento com o erro, endosso da falta da pecadora, segundo as leis mosaicas. Ele, apenas, chamou atenção para os que perseguiam a mulher adúltera e desejavam lapidá-la, ou seja, apedrejá-la, que era o castigo imposto, à época, para a adúltera. Desejava, Jesus, mostrar que todos têm pecado, dos mais diversos matizes. Que às vezes desejam julgar e condenar, esquecendo-se dos seus próprios pecados. E ao proferir aquelas palavras, de cabeça baixa, escrevendo, com o dedo, na areia, ao levantar a cabeça não mais estavam ali os acusadores da mulher. Haviam saído, um a um.

Talvez, como era de hábito então, desejassem testá-lo em face das leis religiosas vigentes, pois ele dissera, muitas vezes, que não viera derrogar a Lei, mas, sim, cumpri-la. E para não deixar a mulher impune, disse-lhe, suavemente: "Mulher, onde estão os teus perseguidores?" Ante o silêncio dela, completou, com admoestação educativa: "Nem eu, tampouco, te condeno. Vai e não peques mais". Deu, assim, duas lições. Uma, aos acusadores, pois também tinham pecados. Outra, à mulher, recomendando que não persistisse no erro.

Na oração que ensinou aos discípulos, Jesus afirmava: "Perdoai as nossas ofensas, assim como nós perdoamos aos que nos tenham ofendido". Não era uma barganha, uma negociação com Deus. Se Ele nos perdoasse, nós perdoaríamos também. Ou que perdoasse da mesma forma como perdoamos, no mesmo quilate. Deus é sempre misericordioso, com nossas faltas, independentemente do nosso perdão às ofensas que nos são dirigidas. Mas estabeleceu Jesus um parâmetro à compreensão de todos. Ao dizer que seremos medidos com a mesma medida com que houvermos medido os outros, quer-se dizer que, se gostamos de nós mesmos, se nos amamos, se desejamos o melhor para nós próprios, que saibamos, também, querer e desejar, para o próximo, o melhor que desejaríamos para nós mesmos. Tanto, que ele também disse: "Ama a teu próximo como a ti mesmo" (*Diliges proximum cum te ipsum*).

Capítulo 13

Oferecer a outra face

SE ALGUÉM TE bater numa das faces, ofereça-lhe a outra. Tal dizer não significa, absolutamente, qualquer tipo de amor ao sofrimento, ou masoquismo. Nem estoicismo. Significa, apenas, demonstração cabal da não-reação. Aliás, agir pela não-reação, não é um ato de omissão, mas um denodado ato de coragem, determinação.

Como Gandhi, ao propor aos seus seguidores, indianos, a não-reação, ante a violência das tropas britânicas, que resistiam à libertação desejada pelos indianos. E em face dos mais exaltados, que não queriam seguir sua orientação, obedecer às suas propostas de paz, ele, o *mahatma*, se recolhia ao leito e jejuava, chegando quase à inanição profunda, como forma de sensibilizar seus correligionários, seus seguidores. Assim, com profundo sofrimento, conseguiu conduzir seu povo à não-violência. Fiel seguidor de Jesus, o Supremo Pacificador. Pois ele disse que devíamos amar aos nossos inimigos.

Com efeito, que mérito teríamos em amar aos nossos

amigos ou a nós mesmos? Isso nós já fazemos, ao cultuar o egoísmo, forma individualista de cultuar a nós mesmos. Amar aos inimigos é bem mais difícil. Não apenas perdoar. Desejava que os amássemos. Fazer o bem sem esperar paga alguma. E manda que sejamos misericordiosos como o Pai é misericordioso para conosco (Lucas, VI: 32-36). Se o amor ao próximo é um princípio de caridade, aos inimigos é sublimidade. É vencer e submeter o orgulho e o egoísmo ínsitos no ser humano.

A lei vigente mosaica mandava pagar olho por olho, dente por dente. Mas Jesus veio escrever uma nova página, pregando o Amor.

Ao mandar volver a outra face, indicava que as vicissitudes humanas nos levavam à vingança, filha do orgulho e da exaltação da personalidade. Para uns poderia parecer covardia. Mas é de extrema coragem. Ao exemplificar com palavras tão radicais, mandando dar a outra face, queria Jesus demonstrar até onde deveria ir a nossa mansuetude, perdão, misericórdia, tolerância, não-resistência.

Mas não se deve tomar ao pé da letra tal dizer, da mesma forma que não se deveria tomar o olho por olho, dente por dente, de Moisés. O que quis dizer o condutor do povo judeu, que vagou por 40 anos pelo deserto, conforme a Bíblia, era, também, que se pagaria por tudo que se fizesse, "até o último ceitil", isto é, nada ficaria sem ser resgatado, expungindo-se toda a culpa, todo o débito.

No fato histórico do soldado romano que esbofeteou Jesus, mãos amarradas, diante do governador Pôncio Pilatos, desrespeitando o prelado de César, que ainda não prolatara sua sentença, condenatória ou absolutória, o acusado inquiriu-o com coragem:

– Soldado, por que me batestes?

Deu uma lição ao governador e deixou a lição de Justiça, para a posteridade.

Melhor ser vítima do que algoz.

Jesus pregou a mansuetude. Não se revoltou. Suportou todas as humilhações, sem murmurar. Sabia do cálice de fel que teria que sorver. Admitiu o suplício. Estava escrito. *Maktub.*

Capítulo 14

QUE A MÃO ESQUERDA NÃO SAIBA O QUE FAZ A DIREITA

MUITOS DÃO POR ostentação, e, por isso mesmo, já receberam a paga. A figura utilizada por Jesus se dirige à modéstia aparente, àquele que dá com uma das mãos, mas não esconde completamente a outra. Assim, o bem deve ser praticado, da forma mais discreta e oculta possível, sem que haja a ostentação, a vaidade da ajuda material proporcionada. Sem humilhação.

Muitas vezes, ao lado das catástrofes que sensibilizam e despertam ajuda coletiva, há desgraças individuais, anônimas, dos que jazem no leito da dor, ou que pululam nas vicissitudes da miséria humana, de toda ordem, sem que vejamos ou percebamos tal sofrer. São os infortúnios ocultos.

Outras vezes, uns dão um pouco do muito, quase não representando perda, enquanto outros desembolsam parcelas materiais que lhes farão alguma falta. Assim, observou Jesus, o óbolo da viúva, que depositou humilde e anonimamente uma contribuição, ofertando de si tudo de que dispunha no momento, tudo que possuía.

Sempre haverá alguém que ache que gostaria de dar, de ajudar, mas se tivesse muito. É da índole humana, aliás, da lei do progresso, que se deseje, ou se almeje ir além, ter um carro melhor, uma casa mais bonita, um emprego mais gratificante. Se assim não fora, o ser humano se estratificaria, indolente. Entretanto, o de que precisa, materialmente falando, é muito pouco. E, como um saco furado, quanto mais tiver, mais quererá. E, muitas vezes, esse querer se converte em compulsão por ter, sempre mais, cada vez mais. O limite é o passo seguinte. Em verdade, os valores que devem ser buscados (que a traça não rói, e o dilapidador não leva) são os espirituais e morais. Assim, é melhor SER do que TER.

Em outra página, o Evangelho lembra os lírios do pântano, tão belos que nem a melhor indumentária do rei Salomão os igualaria. Ou como os pássaros, que têm o indispensável ao seu sustento. Entretanto, esta máxima não deve ser levada, também, ao pé da letra, pois os pássaros trabalham, tanto quanto as abelhas e as formigas, e muito. Preparam o ninho, tanto o macho quanto a fêmea, onde serão depositados os ovos, que permitirão a perpetuação da espécie. Depois de nascidos os filhotes, viajam distâncias consideráveis à procura de alimento, que trarão no bico para sustentar os pequeninos. Constroem, como o joão-de-barro, verdadeiras casas.

Desta forma, o ócio não é aconselhável. E seremos reconhecidos pelas nossas obras. Conquanto sejam obras do espírito as construções que elevam, não se pode viver da caridade pública, devendo-se prover o indispensável ao sustento próprio e da prole, enquanto esta não puder prover a si mesma. Ou, no mínimo, na divisão de tarefas, cooperativamente.

Os dizeres evangélicos precisam ser interpretados equilibradamente. Os excessos são o que transforma o homem em escravo da matéria. Deve-se primeiro buscar o reino de Deus, e tudo o mais lhe será dado.

Capítulo 15

Convidar para a mesa pobres e estropiados

AO DIZER O Evangelho que, ao se dar um jantar ou uma ceia, não se convide os amigos ou parentes, para que suceda a estes que o convidem também, mas, ao contrário, deve-se convidar os pobres, os coxos, os cegos, os estropiados (Lucas XIV:12-15), estas palavras de Jesus, se tomadas ao pé da letra, poderiam passar por absurdas.

A sua linguagem era figurada. Não queria dizer que devíamos reunir à mesa os mendicantes da rua. O que se desejou, na época, foi formular imagem forte, em cores vivas, para ilustrar o quanto muitas vezes só nos lembramos dos que nos podem ser úteis, devolver as gentilezas, esquecendo-nos, quase sempre, dos desamparados. A bem-aventurança, aí, será decorrente do fato de que aqueles não têm como retribuir, pelo menos na mesma moeda.

Francisco Cândido Xavier, o caridoso medianeiro de Uberaba, passava por uma rua e depositara uma moeda na mão estendida de um pedinte. Ao sair andando, sem sequer escutar o agradecimento do homem, o seu mentor, Emmanuel, pediu-lhe que se voltasse e olhasse, e ele viu, partir do pobre homem, uma luz brilhante, a energia de gratidão daquele que recebeu o óbolo.

Todo o preceito da religião, toda a moral, poderia ser resumido em amai-vos uns aos outros e fazei aos outros o que quereríeis que vos fizessem. Não só a caridade material, como, também, a caridade moral. O gesto, a palavra, a mão amiga. O perdão às ofensas. A misericórdia. O sentimento de piedade para com os que sofrem, dos que padecem a miséria humana.

E não se diga que só o Cristo é capaz de tanto amor. Há milhares que o fazem, silenciosamente. Desde madre Teresa de Calcutá, Francisco de Assis, Irmã Dulce, Divaldo Franco, Chico Xavier, até o mais anônimo dos viventes. O sentimento de disposição, de doação, de desprendimento, que faz a pessoa capaz de tirar de si para ofertar. Desde a mãe que se desvela pelo filho amado, ou, até, pelo filho que não é seu. Tal qual o pelicano, que na falta de alimento arranca do próprio peito a carne com que alimentará o filhote, à falta de outra coisa.

Não deve a caridade ser confundida com esmola. A esmola quase é humilhante tanto para quem a faz quanto para quem a recebe, conquanto útil, porque alivia o pobre. A caridade, no entanto, é mais que a esmola. A indulgência, a tolerância, o desvelo, a misericórdia, a piedade, o perdão são sentimentos caridosos.

Quando se diz que fora da caridade não há salvação, é porque na caridade reside o amor, que redime, antítese

O QUE NÃO DISSE JESUS | 63

do egoísmo, que aprisiona. O apóstolo Paulo, em uma das mais belas páginas da literatura religiosa, bem conceituou a caridade. Diz o apóstolo:

> Ainda que eu fale a língua dos homens e dos anjos, se não tiver caridade, serei como o bronze que soa, ou como o címbalo que retine. Ainda que eu tenha o dom de profetizar e conheça todos os mistérios e toda a ciência; ainda que eu tenha tamanha fé a ponto de transportar montes, se não tiver caridade, nada serei. E ainda que eu distribua todos os meus bens entre os pobres, e ainda que entregue o meu próprio corpo para ser queimado, se não tiver caridade, nada disso me aproveitará. A caridade é paciente, é benigna, não arde em ciúmes, não se ufana, não se ensoberbece, não se conduz inconvenientemente, não procura os seus interesses, não se exaspera, não se ressente do mal; não se alegra com a injustiça, mas regozija-se com a verdade; tudo crê, tudo espera, tudo suporta. Agora, pois, permanecem a fé, a esperança e a caridade, estas três virtudes: porém a maior delas é a caridade. (São Paulo, I Cor., XIII: 1-7 e 13.)

Certa ocasião o Dr. Bezerra de Menezes, cognominado o Médico dos Pobres, recebe em seu consultório, na cidade do Rio de Janeiro, uma mulher paupérrima e magérrima. Prescreve a medicação, e, como ela alegasse que não tinha dinheiro para comprá-la, o médico remexe nos bolsos do guarda-pó. Não achando uma só moeda (costumava andar quarteirões até sua casa, por exaustão de moedas), ele, então, tira do dedo o anel de formatura e o estende à mulher, dizendo-lhe:

– Entregue-o ao balconista, que ele lhe dará os remédios.

Outra ocasião, descendo as escadarias da antiga sede da Federação Espírita Brasileira, da qual era seu presidente, um homem parou-o no meio da escada, aflito, pedindo uma ajuda para a esposa doente. Bezerra remexe os bolsos e, nada encontrando, oferece-lhe um demorado abraço, pedindo que, ao chegar em casa, transmitisse o abraço à esposa. No dia seguinte o homem voltou para agradecer-lhe, pois sua esposa amanhecera boa.

Chico Xavier, ao terminar a sessão no Centro, ficava a prosear, respondendo a perguntas dos frequentadores e, mais tarde, saía para a periferia, com outros, levando mantimentos doados, para quem precisava.

Jesus, ao ser questionado por haver pernoitado na casa de Zaqueu, reprochado cobrador de impostos, respondeu que "os doentes é que precisam de remédio". E Zaqueu converteu-se, perdoando seus credores.

Capítulo 16

Quem é minha mãe, quem são meus irmãos?

Estava Jesus em uma casa cercado de tanta gente, que mal podia andar. Onde quer que ele estivesse, uma pequena multidão logo se formava para ouvir a Boa Nova que pregava, ou para ver os milagres, prodígios de cura que corriam meio mundo.

Não que ele fosse milagreiro, nem que o fizesse para se exibir. Os curados o mereciam, como ele várias vezes referiu quando disse: "Tua fé te curou". Ou quando afirmou: "Se tiverdes a fé do tamanho de uma semente de mostarda, ordenarás a esta montanha que se mova, e ela se moverá", enfatizando o valor da fé. E em outra ocasião: "Vós podeis fazer o mesmo e muito mais", estimulando a caridade e o uso do magnetismo e da fé, em nome do Pai.

Um dos ouvintes conseguiu adentrar a casa e apressou-se em avisar a Jesus que sua mãe e seus irmãos se achavam lá fora, como que a dizer que eles não podiam entrar porque a casa estava tomada de gente. Seria um privilégio, se ele mandasse que os trouxessem para dentro da casa, embora este seja um costume natural entre nós, pois se tratava de sua família. Também interromperia seu diálogo, sua conversação com os que desejavam ouvi-lo. Então, dando mais uma lição diante de todos, ele asseverou:

– Quem é minha mãe, quem são meus irmãos?

Pareciam estranhas estas palavras, na boca de Jesus, dada a sua conhecida benevolência e bondade, ainda mais que um dos mandamentos é honrar pai e mãe (Decálogo, Êxodo, XX:12). Parecia indiferença para com os parentes e negação da própria mãe. Conquanto não fizesse de qualquer dos seus consanguíneos um discípulo, aqueles o admiravam. Mas o Evangelista João (cap. XII-5) diz que "não acreditavam nele". Quanto à sua mãe, é incontestável a ternura que lhe dedicava, mas não chegou a compreender o exato sentido da sua missão, pois não há demonstração de que lhe haja seguido os ensinos, nem dado testemunho dele, como o fez João Batista.

O Nazareno sempre se aproveitava das ocasiões e das oportunidades para dar lições, método, aliás, muito eficaz para a fixação do aprendizado. Sua missão era, pois, ensinar, preparar a humanidade para o seu progresso e evolução, ofertando-lhe o Manual da Vida, que seria o Livro dos livros. Uma orientação que seria escrita depois, já que ele nada escreveu de si, passando-se pela tradição oral, observando-se identidade de relatos entre os diversos narradores.

Assim, diante da exclamação "Tua mãe e teus irmãos estão lá fora", Jesus obtemperou: "Quem é minha mãe, quem são meus irmãos?" E correndo o olhar aos circunstantes, completou: "Eis minha mãe e meus irmãos. Portanto, qualquer que fizer a vontade de Deus, esse é meu irmão, irmã e mãe."

José, o carpinteiro, esposo de Maria, era viúvo, e tinha outros filhos, irmãos mais velhos de Jesus. Mas ele também os teve mais novos, filhos de Maria. Desta forma, além de nascer numa manjedoura, abrigo rústico, sem maiores confortos, escolheu por vir através de uma família humilde, sem privilégio algum, igual aos outros mortais.

Sentiu dor, como todo e qualquer ser vivente, no momento final do Calvário, e dizem que um dos aficionados, José de Arimateia, embebeu esponja em um líquido e levou-a na ponta de uma lança até os seus lábios, a fim de lhe mitigar a sede. Há quem afirme que continha um sedativo, para reduzir seu sofrimento.

Em verdade, dadas as reencarnações, ninguém sabe de si mesmo se numa multidão se acham parentes de outras vidas.

Eu, pessoalmente, mediante relatos de videntes e regressões a vidas passadas, no meu curso de pós-graduação em psicologia, tive conhecimento de algumas de minhas vidas passadas, que guardam correlação com algumas das minhas atitudes e comportamentos.

Dizemos vulgarmente que "somos filhos do mundo". Seguimos nossos caminhos. Devemos guardar respeito e veneração para com os nossos, mas sem achar que são melhores que outros circunstantes, que possam desfrutar de privilégios.

Capítulo 17

Fora da caridade não há salvação

A AFIRMAÇÃO "FORA da Igreja não há salvação" não encontra respaldo no Evangelho. Nem é fruto de um princípio universal. Não se apoia na fé fundamental em Deus, comum a todas as religiões. Mas na fé especial em dogmas particulares. É exclusivista e absoluta. Em vez de unir, divide os filhos de Deus. Em vez de incitá-los ao amor fraterno, mantém e acaba por legitimar a animosidade entre sectários e os que professam os mais diversos cultos. Sob esse estandarte, "Fora da Igreja não há salvação", anatematizam-se e perseguem-se familiares e amigos, mutuamente. É um dogma contrário aos ensinamentos do Cristo.

Da mesma forma, o "Fora da verdade não há salvação", também exclusivo, elitista, exclui os que não tiveram oportunidade de conhecer a verdade e libertar-se. E não corresponde ao Evangelho, posto que seremos conhecidos e aceitos segundo as nossas obras, e não segundo o nosso conhecimento. Pessoas há, humildes, sem formação alguma, que têm o coração bom; são caridosas, cumprem vida amorável, junto à família e à comunidade, perante as leis de Deus. Enfim, são pessoas dignas de todos os encômios.

Mas, "Fora da caridade não há salvação", esta legenda, sim, encontra-se conforme o ensinamento do Cristo. Se não tiver caridade, vale dizer, se não tiver amor, de nada vale à criatura conhecer toda a ciência, toda a fé. Como afirmou o Apóstolo dos Gentios: "Ainda que eu falasse a língua dos anjos, ou desse meu corpo para ser queimado, de nada isso me valeria se não tivesse caridade".

De fato, meus irmãos, a fé, a esperança e a caridade são as maiores virtudes da alma. Mas a caridade é a mais excelente.

Capítulo 18

O CAMELO, O BURACO DA AGULHA E O RICO...

EM HEBRAICO, CAMELO significa cabo, e, ao tempo de Jesus, era a corda com que se amarravam os barcos. Portanto, passar um *camelo* pelo orifício de uma agulha seria algo impraticável. Quanto à riqueza, sabemos que é o apego a esta que afasta o homem do reino de Deus. Ou seja, a compulsão por possuir, e possuir cada vez mais, é um erro, porquanto somente os valores morais e espirituais – bens que a terra e a traça não consomem, nem os ladrões surrupiam – é que seguirão conosco após a morte. O que importa é SER e não TER, as aquisições imorredouras, como os lírios no campo, lindos como a indumentária de um rei, digna de um Salomão. Ou os pássaros, que não fiam nem tecem, mas têm em volta de si os alimentos de que precisam para sobreviver. E, quando não os têm, migram para outras regiões do planeta.

É muito difícil ainda hoje, decorridos dois milênios da vinda do Salvador, segui-lo inteiramente nesse as-

72 | Joseval Carneiro

pecto. Um homem rico indagou a Jesus: "O que devo eu fazer para herdar a vida eterna?" Ele respondeu: "Vende tudo o que tens, dá-o aos pobres, e terás um tesouro nos céus; depois, vem e segue-me." Se verdadeiramente o homem quisesse um tesouro nos céus, Jesus apontaria o caminho. A riqueza em si, como o dinheiro, não é um bem ou um mal. O bom ou mau uso que dela fazemos é que a torna boa ou má.

Na Parábola dos Talentos (Mateus, XXV: 14:30), três homens receberam do seu amo alguns talentos (a moeda da época). Dois deles aplicaram-nos em atividade produtiva, gerando mais riqueza, devolvendo, depois, ao Senhor, multiplicados por dois, que os abençoou. O terceiro servo, alegando cuidados, enterrara as moedas, restituindo-as como as recebera, sem fruto algum, e por isso foi admoestado. O trabalho enobrece. O ganho com o suor do próprio rosto, com esforço, é meritório. Dessa moeda não se precisará no Reino de Deus. Mas o trabalho, que desenvolve a inteligência, deve ser louvado. Sem avareza, o ganho deve ser motivo de satisfação. O que não se deve fazer é esbanjar, dilapidar, ser estroina, pródigo. Mas, sim, usar comedidamente os bens que conseguiu amealhar honestamente. Ninguém se envergonhe por ter, contanto que sem apego, compartilhando essa riqueza amealhada com trabalho honesto.

Em uma excursão à Palestina, nas terras santas, deparei à entrada da cidade visitada uma grande arcada, por onde ingressavam as carroças e os camelos, com cargas para comércio. E, de cada um dos lados, dessa grande arcada, havia o que se chama hoje seteiras, pe-

O QUE NÃO DISSE JESUS | 73

quenas aberturas, como janelas para espiar o que ia lá fora, quando fechados os grandes portões. Essas aberturas eram chamadas *agulhas*, portanto, onde os camelos, pela desproporção dos tamanhos, não poderiam passar. Assim, por dois modos, temos explicada a metáfora empregada por Jesus.

Capítulo 19

Os últimos serão
os primeiros

SABEMOS QUE QUEM chega em primeiro lugar é o primeiro e que os últimos são os últimos, mesmo.

Entretanto, no Evangelho do Senhor, há passagens que revelam o modo pelo qual atua a Justiça Suprema. Um pai, que se regozija com a volta do filho que saíra de casa, oferece-lhe um lauto jantar, o que desperta o ciúme do outro filho. Este, aborrecido, alega que sempre estivera ali, ajudando o pai nos trabalhos e este nunca lhe oferecera tal coisa. E agora, justo o filho que abandonara o lar era homenageado!

Diante da zanga do filho, o generoso pai explica-lhe que a alegria era muita com a volta daquele filho pródigo, que não tinha como deixar de lhe prestar aquela grande homenagem. Aquele estava perdido, mas agora o tinha de volta.

Da mesma forma, na Parábola da Ovelha Desgarrada, o pastor abandona o rebanho e sai correndo tentando recuperar uma ovelha que se afastara das outras, e regozija-se depois, por havê-la tido de volta.

Na Parábola do Trabalhador da Última Hora, vê-se situação semelhante. No cultivo das uvas, muitos trabalhadores, contratados desde cedo, postavam-se na vindima, colhendo os frutos. E um deles, chegado ao final do dia, na undécima hora (quase ao final da jornada, que era de doze horas). O proprietário determinara, ao final da tarde, ao administrador, que pagasse a todos indistintamente, inclusive ao trabalhador que chegasse depois, mandando até que lhe pagasse primeiro.

O fato despertou curiosidade no administrador, posto que aquele trabalhador havia sido o último a chegar, trabalhando apenas por uma hora, e justamente a ele se mandava pagar em primeiro lugar. Interpelado o senhor da vindima, pelos outros trabalhadores, em face da desigualdade no tratamento salarial, o senhor retrucou-lhes que os estava pagando, conforme combinado, um denário[4] por dia de trabalho, e eles não tinham do que reclamar, acrescentando que queria dar àquele trabalhador, da undécima hora, o mesmo pagamento que a eles. Arrematou dizendo que era dele o dinheiro, e pagava assim porque queria, porque muitos são chamados e poucos os escolhidos (Mateus, XX:1-16).

Em verdade a parábola encerra uma lição, de que o trabalhador não estava parado, sem fazer nada, por sua própria culpa, e que, tão logo chamado, prontificou-se a ir ao trabalho. É como o filho pródigo, arrependido, que

---

4. Moeda de prata utilizada pelos romanos. Numa das faces trazia o número dez. Correspondia ao salário de um dia de trabalho.

O QUE NÃO DISSE JESUS | 77

volta para o lar. Ou a busca incansável de fazer retornar a ovelha desgarrada. São critérios diferenciais, que encontram explicação na valoração do resultado final alcançado. Então, aparentemente iguais, as situações diferem na medida em que encerram valores diferentes. Se pagasse à menor, criaria um desestímulo no que veio prontamente ao labor. E não foi injusto com os outros, porque lhes havia pago exatamente como contratado: um denário por dia.

Finalmente, na Parábola das Bodas, no festim de núpcias, o Mestre contou a história sobre a festa, cujo dono da casa enviara servos a fazer os convites, mas os convidados não quiseram vir. Enviou outros, para avisar que já havia preparado os alimentos, bois já haviam sido abatidos, mas isso não atraiu os convidados, que foram ao campo trabalhar, restando alguns que maltrataram os servos enviados e os mataram. Sabendo disso, o senhor mandou que se convidasse a todos que fossem encontrando pelo caminho.

E assim foi feito. Mas, durante o banquete, ele identificara uma pessoa que não trouxera roupas adequadas, ditas nupciais, e mandou que o pusessem na rua. A parábola encerra a lição de que Deus enviara seus mensageiros (aludindo-se aos servos), que não foram ouvidos. Enviou profetas (referindo-se ao segundo convite), que igualmente não foram ouvidos, e, finalmente, mandou que chamassem a todos. E dentre todos, aos quais a mensagem evangélica haveria de ser disseminada, ouvissem os que tivessem ouvidos para ouvir. Dentre muitos dos chamados, poucos seriam escolhidos, e os últimos (chegados) poderiam ser os primeiros. Pela porta estreita poucos passariam. Os que não a ultrapassassem, ficariam de fora, onde haveria choro e ranger de dentes.

Vale lembrar, também, que se arrisca igualmente aquele que, chegado, senta-se nas primeiras fileiras, já que o dono da casa poderá lhe pedir o lugar, para servir a outro conviva. Ao contrário, sugere a parábola contada pelo mestre Jesus, que mais cômodo é sentar-se mais atrás e ser convidado a assomar os primeiros lugares, o que representaria uma distinção, uma honra.

Essas histórias, parábolas, contadas a pessoas simples e humildes, eram fixadas nas suas mentes, repassando, boca a boca, os ensinamentos. À falta de veículos de comunicação como os concebemos atualmente, a linguagem oral era bem escutada, fixada, guardada e repassada.

Capítulo 20

Não vim trazer a paz, mas a espada

REALMENTE CAUSA ESPÉCIE a afirmativa acima. E o seu complemento:

> Pois vim causar divisão entre o homem e seu pai; entre a filha e sua mãe e entre a nora e sua sogra. Assim, os inimigos do homem serão os da sua própria casa. (Mateus, X: 34-36.)

E mais:

> Eu vim para lançar fogo sobre a Terra e bem quisera que já estivesse a arder. Tenho, porém, um batismo com o qual hei de ser batizado; e quanto me angustio até que o mesmo se realize! Supondes que vim para dar paz à Terra? Não, eu vos afirmo, antes, divisão. Porque daqui em diante estarão cinco divididos numa casa: três contra dois, e dois contra três.

> Estarão divididos: pai contra filho, filho contra pai; mãe contra filha, filha contra mãe; sogra contra nora, e nora contra sogra. (Lucas, XII: 49-53.)

Parece contradição com a personificação do Mestre de bondade e doçura, verdadeira blasfêmia. Tomadas ao pé da letra, as palavras transformariam sua missão verdadeiramente pacífica em tarefa de discórdia, o que repulsa o bom-senso.

Em verdade, toda ideia nova suscita discordância. Se inofensiva ou inócua, passa, sem chamar a atenção. Mas se fere profundamente o *status quo* vigente, a estrutura social, os costumes até então praticados, o *modus vivendi*, causa, em realidade, um furor, pois, ferindo interesses, não só do poder dominante (romanos), mas, também, das autoridades eclesiásticas constituídas (hebreus, doutores da Lei), cujos poderes se identificavam, somavam-se.

Assim, a nova doutrina veio dividir, com a espada, não estruturas materiais, sociais, econômicas, mas estabelecer um divisor de águas, uma separação do joio e do trigo.

Jesus veio proclamar uma doutrina que minava pelas bases o que pregavam os fariseus, os escribas, os sacerdotes do templo. Por isso trataram de matá-lo, pensando matar a ideia. Mas ele morreu para que tivéssemos vida, vida em abundância. Plantou a ideia na própria capital do mundo pagão, ainda que nascido em pequena aldeia. Feriu de morte crenças seculares, que sobreviviam não por convicções, mas pelo interesse e pelo poder. E a prova é que morto o líder, trataram de matar, também, seus seguidores, empedernidamente, na fogueira dos espetá-

O QUE NÃO DISSE JESUS | 81

culos públicos, a fim de que servisse de exemplo (além de insana diversão).

O paganismo já declinava, abrindo espaço, oportuno, para a doutrina da razão e da fé. Por que Platão e Sócrates, precursores do cristianismo, numa cultura até mesmo mais avançada, não conseguiram impor sua doutrina? Não estavam ainda preparados seus compatriotas para suportá-la.

Assim, disse Jesus que não pensássemos que sua doutrina iria se implantar pacificamente.

> Ela acarretará lutas sangrentas, às quais meu nome servirá de pretexto, porque os homens não me terão compreendido ou não terão querido me compreender. Separados por suas crenças, os irmãos desembainharão a espada, uns contra os outros, e a divisão reinará entre os membros da mesma família que não tiverem a mesma fé. Eu vim atear fogo à Terra para expurgá-la dos erros e preconceitos, como o lançam em um campo para destruir as ervas daninhas, e tenho pressa de que ele se queime para que a depuração seja mais rápida, visto que desse combate a verdade sairá triunfante.

E mais adiante, acrescenta:

> Eu vos enviarei o Consolador, o Espírito de Verdade[5], que virá restabelecer todas as coisas, dando a

---

5. Espírito de Verdade, Espírito da Verdade ou, ainda, Espírito Verdade. Para muitos espíritas, trata-se do próprio Cristo, de volta à Terra, para reunir "as

conhecer o verdadeiro sentido de minhas palavras, que os homens então, mais esclarecidos, poderão, enfim, compreender.

A espada a que ele se referia era a ardência de suas palavras, que derrubava crenças estratificadas, nos recônditos dos corações. Cortar o nó górdio das idiossincrasias reinantes. Por isso o questionavam. E, às vezes, ele abominava essa descrença, desajuste, clamando:

"Ó, homens de pouca fé! Até quando estarei convosco?", como se antevisse a brevidade do tempo que estaria com os homens. Os doutores da Lei o ouviram e se impressionaram, mas não o seguiram, permanecendo atracados às suas crenças. Ele foi buscar nos simples pescadores e humildes palestinos os "pescadores de almas", aos quais entregou as tarefas, dizendo-lhes, na véspera de sua prisão, na Santa Ceia, repartindo o pão:

– Tomai e comei. Este o meu corpo.

E, em seguida, distribuindo vinho:

–Tomai e bebei. Este o meu sangue.

Passando, em Belém, diante da gruta onde ele nasceu, onde se ergue uma Igreja, sendo o último na fila dos visitantes, fui surpreendido por um chamado e, voltando as minhas vistas, vi três homens em pé, em torno de uma mesinha, com uma pequena toalha branca, e pão do tipo árabe, redondos e achatados, em que um deles cortou com as mãos um pedaço e me ofereceu. Perguntei "quanto é?", não me apercebendo do gesto (era hora do

---

ovelhas desgarradas de Israel". **Nota do Revisor**

almoço), e ele meneou a cabeça, respondendo em inglês: *nothing* (nada). Estranha a coincidência, pois fui o último a adentrar a gruta, no ponto em que Jesus repousou ao nascer, e o último a sair, na fila.[6]

---

6. Estive com os essênios, em vida passada, nas grutas encravadas nas encostas do Mar Morto, ao tempo dos Evangelhos apócrifos, ambiente em que Jesus esteve. **Nota do Autor.**

Capítulo 21

Por que Jesus falava por parábolas?

Perguntou um discípulo por que razão lhes falava por parábolas. Jesus então respondeu que a eles, os discípulos, era dado saber os mistérios do Reino dos Céus, mas aos outros tal não era concedido.

E explicou a razão: Porque eles, vendo, não veem, e, ouvindo, não ouvem nem entendem. De modo que se cumpre a profecia de Isaías:

> Vós ouvireis com os ouvidos, e não entendereis; e vereis com os olhos, e não vereis. Porque o coração deste povo se fez pesado, e os seus ouvidos se fizeram tardos, e eles fecharam os olhos. Que ouçam com os ouvidos, e entendam no coração, e se convertam, e eu os sare.

Assim, como em muitas agremiações esotéricas, a verdade veio de forma velada. Só para os iniciados, ou os que tivessem olhos para ver e ouvidos para escutar. Se é verdade que Jesus desapareceu aos 12 anos e só reapareceu aos 30, e que nesse período teria convivido, longamente, com a Ordem dos Essênios, sábios pensadores da Antiguidade, desse convívio ficaram os papiros, os escritos do Mar Morto, enterrados em potes e escondidos em cavernas, para sobreviver à ira devastadora das crenças então vigentes.

Só depois, portanto, de assegurados os pergaminhos, retornaria o Mestre à pregação, nas mais diversas aldeias, vilas e cidades, expondo-se à prisão, que sabia inevitável, pois desafiava, cada vez mais, o poder eclesiástico vigente, conquanto não ameaçasse, nem de leve, o poder romano. De forma que aquele (o poder eclesiástico) procurou apoio neste (poder romano) para levar o Cristo a julgamento, acusando-o de sublevação, fazendo-o prender, acorrentar e conduzir à presença do governador da cidade, Pôncio Pilatos.

Pilatos não entendera o porquê da condução daquele homem à sua presença, daí porque lavou as mãos – gesto simbólico para significar que não aprovava nem desaprovava. Um gesto político, deixando Jesus aos seus algozes, para que decidissem o que fazer com ele.

O preposto de César chegou ainda a perguntar-lhe: "Sois Rei?" Ao que o Mestre respondeu, sinceramente: "Vós o dizeis". Indagou, ainda, o representante do imperador romano, César, de que o acusavam. E como não houvesse uma acusação formal, plausível, deixou que eles, os que o conduziam, liderados pelos sacerdotes do Templo, decidissem.

O que não disse Jesus | 87

Como havia outro detido, permitiu que escolhessem a quem deveriam libertar, dentre os dois, e eles preferiram Barrabás. Uma escolha induzida, produzida, sem elementos de culpa de coisa alguma. Assim, foi o Mestre ao suplício.

Mas ele sabia, o tempo todo, que sua pregação acabaria nisso. Tanto que hesitou à entrada da cidade. E foi buscar, no Monte das Oliveiras, forças para resistir ao que viria. Chegou a pedir ao Pai que dele afastasse o cálice de fel, da maldade e do sofrimento. Mas, depois, conformado, completou: "Seja feita a vossa vontade, e não a minha". Esperava a prisão. Tinha certeza dela. Enquanto meditava, no Monte, onde ocorreu a transfiguração, deixou discípulos vigiando, os quais adormeceram esperando. Perguntado a Pedro, que fora despertado pelos soldados, se o conhecia, negou conhecimento.

Dessa forma, as verdades não poderiam ser ditas desde o início, da maneira mais clara. Por isso, as parábolas. Por isso, o jeito político de dizer: "A César o que é de César", quando lhe exibiram a moeda, com a efígie, a figura do imperador. Não poderia ser preso antes da hora.

Nem estavam maduros para compreender a mensagem. Nem tinham forças para confrontá-la com o pensamento reinante. Por isso prometeu enviar, mais tarde, outro mensageiro, o Consolador Prometido, o Espírito de Verdade, que iria traduzir a mesma doutrina, só que de forma mais direta, mais clara, mais incisiva. E o recado não se esgotou. Continua. Dia a dia.

A humanidade precisava progredir, mas a Natureza não dá saltos. Costumamos avaliar as coisas no espaço temporal da nossa existência. Só quando comparamos os milênios, as eras, é que verificamos o quanto se progride, se avança.

E esse progresso, esse avanço, não é apenas material, é também moral e espiritual. Chega-se a dizer que as coisas estão piorando. Ledo engano. Os meios de comunicação é que as estão disponibilizando, pondo-as ao nosso alcance, ao conhecimento público, na aldeia global, ciente o Globo quase ao mesmo tempo em que o fato se produz. Daí pensar-se que hoje há mais violência, mais improbidade, mais sexualidade, mais desequilíbrio entre os jovens. Engano puro! Desde a Antiguidade as coisas já aconteciam, em maior escala, proporcionalmente, até.

Capítulo 22

POR QUE COMER COM OS PUBLICANOS E PECADORES?

ESTANDO À MESA, perguntaram:

> Por que come o vosso Mestre com publicanos e pecadores? Ouvindo isso, Jesus respondeu: "Os sãos não precisam de médico, e sim os doentes".

Jesus dirigia-se mais aos pobres e deserdados, posto que mais necessitados de consolação. Aos humildes e de boa-fé, porque estes lhe pedem esclarecimentos e luz, ao contrário do orgulhoso, que acha que tudo sabe e não precisa de nada.

Aliás, ele procurou conversar com os doutores do Sinédrio. Impressionou-os, é certo, dado o alto conhecimento revelado e a pouca idade de então (12 anos), mas não se mostraram dispostos a abrir mão dos seus dogmas, das suas crenças, dos seus poderes religiosos e temporais. Geralmente os mais humildes, como os pescadores, estavam mais dispostos a ouvi-lo e a acompanhá-lo.

Algumas vezes era visto com pessoas de má fama, como os cobradores de impostos, que eram tidos como pessoas avaras, ou com mulheres ditas pecadoras, que o procuravam para ouvir suas palavras e conselhos. Não tinha pejo de recebê-los e de falar-lhes, e até de dirigir-se às suas casas, onde ceava, formando-se verdadeiras multidões, em volta, para escutá-lo.

É certo que os sãos também precisam de médicos, haja vista que a sua medicina era preventiva, e não corretiva. Laborava nas fraquezas humanas. Mas também é certo que os que se achavam em erro social precisavam mais, com a urgência que o caso requeria. E era, também, uma resposta política, como costumava dar, com duplo sentido, para satisfazer duplamente ao questionamento. Dar uma lição aos que pretendiam surpreendê-lo em falta com as leis vigentes, e, ao mesmo tempo, oferecer o Evangelho de salvação, em linguagem simples, compatível com o entendimento popular, e, também, acessível aos que tivessem ouvidos para ouvir e olhos para ver, isto é, com limitações aos que não estivessem preparados para receber a Boa Nova.

Capítulo 23

A CORAGEM DA FÉ

Aquele que me confessar diante dos homens, também eu o confessarei diante de meu Pai que está nos céus; mas aquele que me negar diante dos homens, também eu o negarei diante de meu Pai que está nos céus. (Jesus)

EM OUTRAS PALAVRAS: aqueles que temerem confessar-se discípulos da verdade não são dignos de serem admitidos no Reino da Verdade. A sua fé será contida, comedida, para si mesmos, sem expor-se a risco algum, contemporizando conforme as situações, "em cima do muro", como se diz hoje.

A coragem para enfrentar as opiniões adversas, os perigos, as perseguições, as contradições, os sarcasmos, iria demonstrar o preparo para disseminar a doutrina cristã, posto que se sabia, de antemão, que se iriam enfrentar terríveis adversidades, como enfrentaram os cristãos que foram lançados à fogueira, aos leões. Justamente, dada a crueldade com que foram reprimidos, dissipados, a doutrina se fortaleceu, ampliou-se e disseminou-se.

A semeadura é livre, mas a colheita é obrigatória. O que disseminarmos, colheremos fatalmente.

Jesus sabia claramente da sua missão. Dos escolhos antepostos na sua caminhada...

Viajando de ônibus, com ar-condicionado, impressionou-me o fato daqueles homens percorrerem vários quilômetros num só dia, andando dias a fio, para divulgar a Boa Nova. Daí o hábito de lavar os pés sofridos, untá-los com óleos refrescantes. Era um símbolo de acolhimento. Um deserto só, da Jordânia, que separa o Egito da Palestina. E mesmo na Galileia, no entorno do Lago de Genesaré, chamado Mar da Galileia. Que denodo, que esforço. A mensagem precisava do Mar e dos barcos dos pescadores, das Cartas do Apóstolo Paulo, revigorando as palestras proferidas nas visitas.

Capítulo 24

Quem quiser salvar sua vida, perdê-la-á

E quem quiser perder a vida, por causa de mim, e do Evangelho, salvá-la-á. Que aproveita ao homem ganhar o mundo inteiro e perder sua alma? (Marcos, VIII: 34-36)

COMPARANDO A VIDA a um grão de trigo, João diz que, "se o trigo cair na terra e não morrer, ficará ele só; mas, se morrer, produzirá muito fruto" (Cap. XII - 24-25).

Em outras palavras, o mal que se lhe fizer, redundará num bem, porquanto colherá frutos dadivosos no céu. Como os aflitos, nas bem-aventuranças. O que se humilha, será exaltado. Os que se sacrificarem por causa do senhor ou por sua causa. Porque a cruz do sacrifício é pesada e onerosa. Preparou, o Cristo, a humanidade para atravessar um mar de sofrimento, de provas e expiações, em face da faixa em que iria se projetar o planeta nos milênios que se seguiriam a sua vinda à Terra.

Só depois, ele sabia, é que poderia vir à humanidade mais aprimorada, livre das guerras e incompreensões, uma fase de regeneração (na qual estamos entrando, agora), também demorada, até que sobrevenha a fase de gozos e felicidade. É claro que alguns são felizes, mesmo na adversidade material, em face da conjuntura do planeta. Na medida em que distingam entre TER e SER. Mas, para o planeta como um todo, o avanço é lento e demorado.

O homem, em si, não está fadado ao sofrimento e à infelicidade. Ao contrário, está sendo preparado para vivenciar a felicidade eterna e plena. Para isso terá de atravessar uma longa noite de inverno, perdendo a vida, na Terra, para ganhá-la ou salvá-la. Entenda quem tiver olhos para ver, ouvidos para escutar, pois não é na Terra, com suas vicissitudes, que se encontrará, pelo menos nesta conjuntura, a felicidade plena.

Capítulo 25

OLHAI OS LÍRIOS DO CAMPO: NÃO TRABALHAM NEM FIAM...

Não acumuleis para vós outros tesouros sobre a Terra, onde a traça e a ferrugem corroem e onde os ladrões escavam e roubam. (Mateus, VI:19-21)

Observai as aves do céu: não semeiam nem colhem, nem ajuntam em celeiros; contudo vosso Pai as sustenta; considerai como crescem os lírios do campo. Eu, contudo, vos afirmo que nem Salomão, em toda sua glória, se vestia como qualquer deles. Portanto, não vos inquieteis, dizendo que comeremos, que beberemos, que vestiremos, porque vosso Pai sabe que necessitais de todas elas; buscai em primeiro lugar o seu reino e a sua justiça, e todas essas coisas vos serão acrescentadas. Portanto, não vos inquieteis com o dia de amanhã. (Mateus, VI:25-34)

TOMADAS NO SENTIDO literal, seria contraditório à conduta previdente que o homem deve ter, um retorno ao homem primitivo, que não recolhia nem guardava, que saía à caça e à pesca, parcamente vestido, apesar das intempéries, buscando o alimento imediato, para aquele dia, sujeito à desnutrição e às enfermidades. Sem trabalhar, estaria reduzido a um espectador passivo, aguardando que Deus o provesse. Suas atividades físicas e intelectuais, adormecidas, não se desenvolveriam e jamais sairiam do estado primitivo. É certo que Deus os criou sem roupa e sem casa, mas deu-lhes inteligência para provê-las. Que seria do homem sem um calçado para proteger os pés? Como se deslocaria nas distâncias sem os avanços propiciados pela roda? Como transportaria as coisas?

Entretanto, como já dissemos antes, o homem insaciável, insatisfeito, na sua busca incessante sempre por ter mais e mais, quase compulsivamente, transforma o elemento SER em simplesmente TER, que procura a todo custo. Se hoje lhe vale uma patinete, amanhã quererá uma bicicleta, depois um automóvel e em seguida, quem sabe, um avião. Insaciável na sede de poder, atropelará quase tudo, a moral, os costumes, o direito, causando-lhe mais mal que o próprio bem, já que efetivamente os tesouros que acumula, que as traças e a ferrugem corroem, não os levará consigo quando deixar a Terra. Os tesouros acumulados honestamente com o trabalho não são pecaminosos. Apenas o apego exagerado a eles, a não repartição com os outros, a falta de solidariedade com o próximo, e, às vezes, o mais próximo dos próximos é a própria família. Enfim, ao dizer aquelas palavras, Jesus teve em mente demonstrar, como vivem as aves e os lírios do campo, que as posses materiais não eram o mais importante, devendo-se buscar, primeiramente, o seu Reino, o Reino dos Céus, que tudo o mais seria dado ao homem, por acréscimo.

As leis de justiça, caridade, misericórdia e fraternidade, se bem administradas as coisas, permitiriam à Terra ser o ninho, receptáculo que nos abrigaria, irmãmente, sem fome ou miséria, sem guerras, sem gastos supérfluos. Mas o valor do trabalho deve também ser preservado, porque seremos conhecidos pelas nossas obras. Não se pode ser indolente e viver-se à custa do trabalho alheio. É a divisão equitativa e social do bolo da riqueza, e não só distribuição.

O homem cristão não explora o próximo e lhe dá a justa paga pelo que produz. Veja-se que nas democracias sociais não há grandes riquezas em mãos de poucos, porque o Estado lhes retira o muito, a sobra, para, por meio de impostos sobre as rendas, fazer a repartição justa do lucro. Também não há pobreza de muitos – embora exista, em face do imprevidente, do preguiçoso, do indolente, do encostado. Salvos, naturalmente, os casos patológicos. É como a fábula da cigarra e da formiga: enquanto uma canta, a outra trabalha, para prover-se no inverno rigoroso.

Conta-se que um homem perguntou ao pescador por que ele ainda não houvera adquirido uma rede, em vez de apenas um anzol. "Para quê?" – retrucou o pescador. "Para que possa comprar um barco", respondeu-lhe o interlocutor. "Para quê?" – insistiu o pescador. "Para poder comprar uma casa e uma rede de dormir, para

ficar deitado ao entardecer, apreciando o pôr do sol".
"Mas eu já faço isso, todos os dias, ao terminar minha
pescaria de vara", concluiu o homem simples e humilde.

Há sempre mais à frente. Quer sempre mais e mais.
O pobre tem o desejo dos remediados. Estes, o dos ri-
cos, e estes últimos, o dos milionários. Tudo bem: é a lei
do progresso. Mas que progresso? A que preço? Qual o
real valor do ser humano? Que valores são acumuláveis
para sempre?

Assim, verificamos que a felicidade não está no TER,
mas no SER. Ter sem açodamento, sem ambição des-
medida, sem compulsão, sem ostentação, sem apego,
sem egoísmo, com solidariedade social. Se o homem
acumular sementes, em seu celeiro, certamente elas ali
apodrecerão. Mas se as distribuir, elas produzirão e
se multiplicarão.

Capítulo 26

Larga tudo, toma a tua cruz e segue-me

Evidentemente não desejou Jesus que uma pessoa largasse sua família, seus filhos, abandonasse seu emprego e obrigações para segui-lo.

Ele deu o tom da felicidade. Indicou os valores espirituais. Mostrou que os bens materiais não são a finalidade última do ser humano. Sugeriu o desapego às coisas terrenas, porque o seu Reino não é deste mundo.

A expressão metafórica mais servia para demonstrar que aquele que verdadeiramente quisesse segui-lo precisaria estar pronto, disposto a abandonar os seus apegos, desprender-se, porque deveríamos buscar primeiramente o Reino de Deus, e tudo o mais nos seria dado de acréscimo.

Os religiosos, os missionários, aqueles que se devotam às coisas do Senhor fazem um verdadeiro sacerdócio. Escolhem um modo de viver, uma tarefa para a vida. Decidem entregar-se ao mister da doação de si mesmos em favor do próximo. Por isso elegem essa forma de conduta, esquecendo-se de si mesmos para ajudar os que necessitam. Sublimam, até mesmo, o sexo. Estes não constituem família. Não é o celibato obrigatório, mas livre escolha, para melhor entregar-se às coisas do Senhor.

Ao dizer toma a tua cruz, demonstrou que a tarefa, a escolha, não é fácil. Verdadeiramente significa carregar por toda a vida uma cruz, um encargo pesado, uma tarefa árdua, de sacrifícios e renúncias.

Ninguém é obrigado a segui-lo. Mas se o desejar, saberá que terá de renunciar aos bens terrenos, tomar a sua cruz e dedicar-se às tarefas do Senhor, do amor ao próximo.

Capítulo 27

Aos que têm, mais será dado...

Perguntaram a Jesus por que ele falava por parábolas. E ele lhes respondeu:

> Porque a vós outros é dado saber os mistérios do Reino dos Céus, mas a eles não é concedido. Por isso é que eu lhes falo em parábolas; porque eles, vendo, não veem; e, ouvindo, não ouvem, nem entendem.

E citando Isaías, o profeta, completou dizendo:

> Porque o coração desse povo se fez pesado, e os seus ouvidos se fizeram tardos, e eles fecharam os seus olhos; para não suceder que vejam com os olhos e ouçam com os ouvidos, mas entendam com o coração, e se convertam, e eu os sare (Mateus, XIII – 10-15).

Jesus preferentemente falava aos simples, aos pescadores e aos homens do povo. Porque aos doutores da lei, fariseus, aos que não queriam ouvi-lo, por conveniência própria, não adiantava falar-lhes, posto que não teriam ouvidos para escutar, nem olhos para ver. Porque aos que têm olhos para ver, e ouvidos para escutar, se lhes dará mais. Mas, aos que não têm (olhos para ver ou ouvidos para escutar), até o que têm lhes será tirado.

Aos que têm olhos e ouvidos para ver e escutar, mais lhes será dado – o Reino dos Céus. E dos que não têm olhos para ver, para observar a beleza do Reino de Deus, dos seus ensinos, do amor e do perdão, da misericórdia e da caridade, dentre outras coisas, ou dos que não têm ouvidos para escutar a sua palavra salvadora, redentora – certamente permanecerão nas trevas e deles será tirada, momentaneamente, é claro, a oportunidade de ver e ouvir as coisas do Alto, até que se arrependam, um dia, e busquem, naturalmente, o Reino de Deus.

Não é que Deus lhes retire os olhos e ouvidos, de ver e escutar. Mas serão retirados, por si mesmos, momentaneamente, porque ninguém será condenado a penas eternas, nem à cegueira definitiva.

Na Parábola dos Talentos melhor se explica essa assertiva, segundo a qual "a quem tem mais se dará; e a quem não tem, mesmo que não tenha, ainda assim se retirará". É que, conta Jesus, um homem tendo dado três moedas (talentos) a três homens, dois deles as multiplicaram, aplicando-as na produção. Mas um, a título de proteger-se contra os ladrões, enterrou a moeda recebida, nada produzindo.

Capítulo 28

ONDE ESTÃO OS OUTROS?

CONTA-SE QUE, HAVENDO curado a muitos, Jesus deparou-se, numa ocasião, com um dos que curara e, ao vê-lo, interrogou-o, dizendo, em latim, idioma que dominava e que era a língua falada pelos dominadores, pelos súditos do imperador romano: *Quid alteri sunt?* Ou seja: Onde estão os outros?

Alguns, menos avisados, acreditam que à primeira vista pareceria querer o Mestre dizer, com as palavras "Onde estão os outros?", uma heresia contra sua própria filosofia, posto que, ao indagar "onde estão os outros?", estaria a cobrar um agradecimento, uma gratidão.

Ledo engano. Ao indagar "Onde estão os outros?", o Nazareno demonstrava preocupação com o sofrimento demonstrado por eles, que buscaram sua ajuda e obtiveram, do Pai, a cura esperada. Eram dez leprosos que habitavam o Vale da Morte, nos arredores da *urbi*, da cidade, proibidos de lá entrarem ou permanecerem. Ao curá-los, Jesus ordenou a cada um deles: "Vai mostrar-

-te ao homem da Lei", isto é, para que veja que estão curados, sem mancha alguma. E, assim, possam voltar à cidade.

Por esta razão, ao encontrar um deles, preocupou-se em indagar se haviam voltado a conviver na cidade.

E, antes de curar, indagava:

"O que queres que eu faça?". Com isso obrigava o doente a abrir seu coração, expressar sua fé, para que as energias se interpenetrassem e o curassem. Mas ele completava, após a cura: "Tua fé te curou".

Não se atribuía coisa alguma.

Com efeito, ele dissera: "Podeis fazer tudo isso (as curas) e muito mais".

Dissera também: "A tua fé te curou". Portanto, Jesus sabia muito bem que a cura provinha, em primeiro lugar, do merecimento da pessoa, e, depois da vontade do Pai. Portanto, inteiramente sem sentido o entendimento de que o Cristo, ao perguntar "onde estão os outros?", buscasse reconhecimento.

Capítulo 29

Este é o meu corpo, tomai e comei

Nas comemorações do *Corpus Christi* a Igreja Católica põe, na ordem do dia, o encontro de Jesus à mesa, com seus discípulos, momento em que, repartindo o pão, disse-lhes: "Tomai e comei, este é o meu corpo". E, em seguida, apresentando uma taça de vinho, afirmou aos seus seguidores: "Tomai e bebei, este é o meu sangue".

A interpretação que a Igreja dá a essas palavras (pois Jesus, quase sempre, se dirigia aos que escutavam através da linguagem metafórica, parábolas comparativas, para que melhor entendessem, e entendessem os que tivessem ouvidos para escutar e olhos para ver) era de que o corpo e o sangue que ele entregava significava entregar-se a si mesmo, inteiramente, completamente, o corpo e o sangue, isto é, sem limites, de corpo e alma, como se diz. Era a sua mensagem evangélica, a palavra de Deus, os seus ensinamentos e, sobretudo, seus exemplos.

Esse gesto simbólico de Jesus vem sendo, diariamente, repetido, a todo momento, nas Igrejas, durante a cerimônia da eucaristia, representando a hóstia que é ofertada aos fiéis, constituída de trigo, com que se faz o pão, em verdade, um símbolo da união do homem ao Cristo, da presença desta, aceita no coração das pessoas que se comprometem e renovam o juramento de segui-lo.

Portanto, quase todas as palavras, desde o Antigo Testamento ao Evangelho de Jesus, devem ser tomadas na sua acepção simbólica, no que representam. Cumpre, pois, aos pregadores, de todas as religiões, melhor explicar, traduzir em linguagem simples e acessível aos fiéis, para que o espírito da mensagem penetre e impregne a mente das pessoas, notadamente as mais humildes e pouco letradas, a fim de que não reste confusão, ou, o pior, não cumpra o seu real papel, sua finalidade.

Capítulo 30

JESUS E AS PARÁBOLAS

SENDO O MAIS elevado ser que o Pai enviou para o nosso progresso espiritual, Jesus era dotado, dentre tantos e múltiplos predicados, do dom da palavra, mas, sobretudo, da eloquência, da capacidade de convencimento, pela maneira firme e bem elaborada com que apresentava suas inovadoras ideias. Inovadoras para a época, em que o poder temporal misturava-se ao poder religioso. Para bem ministrar os seus ensinamentos, precisava de uma linguagem clara, acessível àquela gente. Mas que, ao mesmo tempo, fosse profunda, capaz de atingir aos que tivessem "olhos de ver e ouvidos de ouvir".

Assim, ele desenvolveu uma verdadeira pedagogia. Adotou o método das parábolas, com que transmitia a mensagem salvadora. Mesmo porque, se avançasse muito, seria de logo lapidado (apedrejado), por heresia, por pecado contra a lei, contra os ensinos dos profetas, por blasfemar contra Deus, e seria punido pelo seu próprio povo.

Se fosse considerada muito revolucionária, em face do poder temporal, dos romanos, que dominavam a Palestina, seria preso e supliciado, por sublevação, liderança, incitação de levante contra os dominadores. Por isso, escolheu as parábolas, que perpetuariam sua mensagem, que atravessariam os séculos, mormente porque seguidas, rigorosamente, do exemplo que praticava a todo momento.

Mesmo assim, sabendo que não poderia dizer tudo, prometeu enviar, depois, uma outra mensagem, o Consolador Prometido, que veio a ser a mensagem do Espírito de Verdade, codificada por Allan Kardec, no século XIX, em *O Livro dos Espíritos* (18 de abril de 1857). E, veja-se, decorridos mais de dois mil anos, ainda muita coisa não é devidamente entendida.

Capítulo 31

Um perfil de Jesus

Muito já se escreveu sobre o Divino Mestre. Alguns retratam-no como um verdadeiro deus. E o era, do ponto de vista que ele mesmo disse "Sois deuses", porquanto todos temos, ínsita em nós, a divindade, a chama do amor, que necessita, apenas, desabrochar. Outros o apresentam como um ser humano, igual aos outros, do ponto de vista fisiológico, psicológico, emocional, suscetível de sofrimentos, ainda que com estoicismo, não imune às doenças que acometem o ser vivente. Não seria, assim, um corpo fluídico, como querem alguns. Mas um ser superior, ainda que submetido às vicissitudes da carne.

A par da sua beleza física, descrita por muitos e decantada por outros, seus belos e penetrantes olhos claros, cabelos soltos sobre os ombros, cor de amêndoas, face tranquila e bem moldada, suavidade e harmonia no conjunto do seu corpo, ao lado da fisionomia serena, pairava em seu espírito uma força que transmitia segurança, respeito, amorosidade, compreensão, altivez.

Retratava, pois, nos traços morfológicos, a sua elevada aura espiritual.

Dos seus ditos, passados pelos que transcreveram seus passos sobre a Terra, colhem-se além dos ensinamentos, ministrados através de parábolas, alguns aspectos verdadeiramente surpreendentes da personalidade que atravessou os séculos, como era de esperar-se, perpetuando sua doutrina, o cristianismo, para gáudio do Pai Celestial que o enviou à Terra.

São marcantes na personalidade de Jesus aspectos nem sempre devidamente explorados ou considerados, que engrandecem o homem, de forma extraordinária, demonstrando o quanto ele se achava preparado para a missão. Destacamos alguns, apenas: o pedagogo, o psicólogo, o pregador, o consolador, o assistencialista, o médium, o curador, o sociólogo, o defensor, o líder, o historiador, o filósofo, o religioso.

Como pedagogo, em face da elevada missão de que era portador, conhecia o público-alvo das suas palavras, suas limitações, a estrutura religiosa reinante, a dificuldade de assimilar conhecimentos que estivessem muito além do seu tempo. Daí haver escolhido as parábolas, de que, aliás, muitos escritores se valeram e se celebrizaram, também atentos à metodologia dos contos, capazes de penetrar nas mentes mais endurecidas e calejadas pelo trabalho no campo, já que a atividade era basicamente primária, com um incipiente comércio, bem como a navegação e o transporte.

Administrava a informação e construía o seu pensamento de forma acessível aos mais humildes, sem perda

O QUE NÃO DISSE JESUS | 111

da profundidade do que pretendia e precisava passar aos pósteros. Por isso dizia: Ouça quem tem ouvidos para ouvir; veja quem tem olhos para ver. Falava ao velho e à criança, ao cobrador de impostos e ao pescador, à mulher pecadora e ao chefe religioso do templo.

Ouvintes ecléticos, escolarizados ou não, chegando a impressionar e fazer discípulos e seguidores até entre os romanos. Decorridos dois milênios, até hoje se usa a metodologia das fábulas para explicar certos ensinos de Jesus. Relembramos a da ovelha desgarrada, do filho pródigo, dos pássaros que não semeiam nem colhem; do lírio, que não fia nem tece, dentre outras.

Como psicólogo das almas em conflito, soube aplacar a sede de justiça, enalteceu os mansos e pacíficos, com uma doutrina de resignação e esperança, sem perda da altivez, quando necessária.

Entendia a fraqueza dos que o abjuraram, negando-o, como Pedro, ou traíram, como Judas; ou da mulher adúltera, buscando, sempre, a razão de tudo, pois não há efeito sem causa. Ministrava esperança, apontando um outro Reino. Fortalecia a fé, exemplificando a crença numa força superior que nos rege e dirige. Falava em vidas múltiplas, como no encontro com Nicodemos, admitindo que Elias já tinha vindo (como João Batista) e não o haviam reconhecido.

Como pregador, por excelência, tinha fácil manuseio da palavra. Cativava e prendia a atenção dos que o ouviam. Carreava uma multidão, em torno de si, para ouvi-lo. Usava de metáforas com maestria. Era um pregador nato, andando de região em região, muitas vezes de barco, atravessando o Mar da Galileia, para localidades ignotas, onde sua palavra era aguardada com ansiedade e curiosa expectativa.

Suas lições ficaram gravadas nas mentes dos que o escutavam, muitos dos quais as repassaram para a posteridade, mediante escritos conhecidos como os Evangelhos. Outros sequer o conheceram pessoalmente, dele tendo apenas conhecimento por ouvir dizer.

O consolador dos aflitos aparecia em várias oportunidades, sempre que se fazia necessária uma palavra amiga, de aconchego, de consolação. Como diante da mulher adúltera: "Onde estão teus acusadores? Eu também não te condeno. Vai e não peques mais".

Na oferta de esperança por um mundo melhor, o seu Reino, consolava a multidão de aflitos, sob o jugo romano. Na "santa ceia", mostrando aos apóstolos a partição do pão, a divisão da caridade e do amor, afirmou: "Este é o meu corpo, tomai e comei", e servindo o vinho, da concórdia, do entendimento, da harmonia entre os discípulos, também disse: "Este é o meu sangue, tomai e bebei".

Também, ao proceder às curas, não teve em mente revogar a lei da vida, mas consolar os aflitos, atender à caridade.

Como assistencialista, multiplicou os peixes e os pães. Mandou que ao se lhe pedirem o manto, estendesse também a túnica. Vender tudo que tivesse, tomar a sua cruz e o seguisse.

Uma das suas mais belas páginas é a do bom samaritano, que socorreu o ferido por assaltantes na estrada, pensou suas feridas, levou-o a uma estalagem, acomo-

O QUE NÃO DISSE JESUS | 113

dando-o, deu algumas moedas ao hospedeiro, solicitando assistência ao enfermo, enquanto fariseus e outros passavam ao largo, sem atender ao ferido.

Como médium, na meditação do Monte das Oliveiras, "presenciou" o fenômeno da transfiguração, em que Moisés e Elias se lhe apresentaram.

Pressentiu o suplício por que passaria. Chegou a imaginar pedir afastar aquele cálice de sofrimento e dor, para logo, em seguida, admitir em nome da doutrina que legaria ao Mundo, resignando-se em que fosse feita a vontade do Pai, e não a dele.

"Viu" os espíritos imundos, que assediavam o homem, expulsando-os com a força da sua mente, da sua conduta moral. Curou com o toque de suas mãos.

Ao caminhar por uma rua apertada de Jerusalém, alguém tocou as suas vestes, mal podendo alcançá-lo sequer para uma palavra ou pedido, cercado que se achava pela multidão que o seguia em praça pública; sentiu quando alguém se aproximou. E perguntou a Pedro quem o havia tocado.

Como o discípulo não presenciasse nem identificasse a pessoa, redarguiu: "Como posso saber, se estamos todos comprimidos por uma multidão?" Ao que Jesus aduziu: "Uma virtude (energia) se desprendeu de mim."

Como curador, teve várias oportunidades de socorrer os doentes, curando o cego de nascença, "ressuscitando" Lázaro, que dormitava em sono cataléptico. Mandou andar o coxo e manco. Fez ouvir o surdo. Limpou as chagas do leproso.

Não era milagreiro, nem mágico, nem prestidigitador. Não buscava impressionar a quem quer que fosse. Demonstrava o poder da fé, que remove montanhas, mesmo que do tamanho de um grão de mostarda.

Como sociólogo nato, analisava os fatos do cotidiano, confrontando-os com o passado e a realidade política vigente. Não mandou sonegar o imposto, recomendando pagá-lo com a moeda de César, que continha a sua efígie.

Vislumbrou o centro do poder temporal, de César, respeitando-o, mas introduzindo uma doutrina que iria oxigenar aquele povo sofrido. Traria sua mensagem cifrada, de modo que somente os que estivessem preparados pudessem entendê-la. E prometeu enviar, depois, um consolador.

A figura do defensor se acha presente em vários momentos da sua breve passagem sobre a face da Terra. Advogou a soltura da adúltera, intimando aos que não tivessem pecado que atirassem a primeira pedra. Disse ao governador Pilatos que "Meu reino não é deste mundo". Indagou do soldado que o esbofeteara na presença de Pilatos a razão pela qual lhe batera no rosto, colocando em xeque a autoridade do governador. Defendeu os fracos e oprimidos. Expulsou os vendilhões do Templo.

Como líder, escolheu pescadores para discípulos porque sabia mais fácil conduzi-los, ensinar-lhes e fazê-los seguidores. Dirigia e conduzia multidões. Fez os seus seguidores, muitos anos depois da sua partida, sacrificarem-se no martírio dos circos romanos, ante a fogueira e os leões, jamais o negando e à sua doutrina

O QUE NÃO DISSE JESUS | 115

cristã. Poderia liderar uma sublevação, mas não o fez, fato que incomodou a Judas Iscariotes.

O historiador esteve presente na vida de Jesus, posto que ele sabia da história dos povos. Em várias oportunidades demonstrou conhecê-la, quando, por exemplo, se referiu a estes e a João Batista. Dizia que não viera para desrespeitar a Lei, mas que viera para cumpri-la.

Como filósofo, usou, como ninguém, da maiêutica, do silogismo, da lógica, argumentando com sabedoria e discernimento. Convencia facilmente.

Como religioso, esteve sempre relembrando o nome de Deus. No Pai se apoiava. Declarava que não viera descumprir a Lei, referindo-se à Lei Mosaica. Era monoteísta, não comungando das ideias dos pagãos. Corajosamente feria fundo no pensamento reinante. Mudou costumes. Introduziu ideias. Despertou a humanidade para uma nova era.

Capítulo 32

DOMINUS IESUS

DA UNICIDADE E universalidade salvacionista de Jesus causou verdadeiro *frisson* em todo o mundo religioso, notadamente das Igrejas Cristãs, a recente Declaração (este o nome do documento produzido pela Congregação para a Doutrina da Fé), firmada pelo seu prefeito, o cardeal Joseph Ratzinger, sob a denominação de *Declaração Dominus Iesus*, que afirma ser a Igreja Católica a única religião, em aparente contradição com outros documentos do Vaticano, notadamente a encíclica *Ut unum sint*, onde o sumo pontífice da Igreja Romana apoia o ecumenismo.

Logo na sua Introdução, o documento afirma, citando Mc, 16:15-16: Quem acreditar e for batizado, será salvo, mas quem não acreditar será condenado. Ora, se o Pai Misericordioso perdoa sempre e seremos reconhecidos pelas nossas obras, tal condenação perde o sentido. Também na Introdução, citando o Concílio de Constantinopla: Um só batismo para remissão dos pecados e a ressurreição dos mortos, e a vida do mundo que há de vir, também confronta-se com as palavras do Divino Mestre, pois ele disse "Vós podeis fazer, e muito mais", ao curar o corpo físico e o espírito, quanto mais pelo batismo.

Como ele disse que não veio revogar a Lei, submeteu-se ao batismo, nas águas do Rio Jordão. E a ressurreição dos mortos só pode significar a vida em espírito, pois do pó adveio e ao pó voltou o corpo físico. E, finalmente, o mundo que há de vir é o da renovação interior, da mudança de cada um, pois as leis da física são inderrogáveis. Da mesma forma que o sistema heliocêntrico, de que Galileu Galilei foi vítima, ante a intolerância religiosa, e somente agora, 2 mil anos depois, teve o seu processo de condenação reaberto pelo papa João Paulo II.

Quando trata do caráter da revelação, afirma que a Deus ninguém jamais viu. O próprio Filho único, que está no seio do Pai, é que O deu a conhecer (Jo, 1:18), observando-se que não está o Profeta sentenciando a figuração antropomórfica (nos termos da corporificação humana), mas, ao contrário, negando-a, posto que, logo após, diz que em Cristo que habita corporalmente toda a plenitude da divindade e nele participas da sua plenitude (CI 2:9). Com efeito, há muitas moradas na Casa do Pai, outros mundos, com outras formas, naturalmente, compatíveis com a densidade atmosférica e com o ambiente.

No capítulo do *logos* encarnado e do espírito santo, ao afirmar que, "por nós e pela nossa salvação, desceu do céu, encarnou e se fez homem, sofreu e ressuscitou ao

O QUE NÃO DISSE JESUS | 119

terceiro dia, voltou a subir ao céu, donde virá para julgar os vivos e os mortos", demonstra-se fuga da lei natural, não podendo, de forma alguma, voltar para "atirar a primeira pedra", para julgar, como dito no Concílio de Calcedônia, nem vivos nem mortos, que serão julgados por si mesmos, pelos seus atos, por suas consciências.

E mais adiante: "Libertando-nos da escravidão do diabo e do pecado", pois diabo, ou demônio, ou espírito impuro, ou, mais claramente, obsessor, a que chamaremos espírito menos feliz, são todos irmãos nossos, menores, em progresso, caminhando para o Alto, objeto das atenções e cuidados do Pai, que de ninguém se olvida, nem condena. Ninguém se liberta do pecado sem sua própria ajuda, seu arrependimento, sua submissão às leis de Deus. A libertação aí deve ser entendida como a adoção do Evangelho, como forma de vida, de mudança, erradicando o pecado que reside em cada um, que escraviza na medida em que mantém o homem preso à matéria, às injunções da carne.

Capítulo 33

Mistério salvacionista de Jesus

NESSE CAPÍTULO, AFIRMA-SE o Cristo como Senhor e único salvador, que no seu evento de encarnação, morte e ressurreição, realizou a história da salvação, a qual tem nele a sua plenitude e o seu centro, mas ele não foi o único.

Outros o antecederam, na Terra, que é apenas um pequeno planeta que gira em torno do Sol, que faz parte de uma constelação de estrelas, dentre milhões de tantas outras constelações, integrando o Sol tão somente a Via Láctea, dentre milhões de outras "vias". Ele, Jesus, foi o espírito mais perfeito que o Pai nos enviou, para salvar-nos, com o seu Evangelho. Da mesma forma, ele não esgotou sua mensagem. Ele mesmo anunciou um Consolador, pois não poderia, à época, dizer tudo. Primeiro, porque não o entenderiam; segundo, porque não o deixariam livre para dizê-las. Outros vieram, como o Espírito de Verdade, a Terceira Revelação, a obra de Allan Kardec, o pentateuco kardequiano, além das mensagens, continuadas, dos abnegados mensageiros do Cristo.

Mais adiante, falando ainda da unicidade, diz que:

> Apenas ele, como Filho de Deus feito homem, crucificado e ressuscitado, por missão recebida do Pai e no poder do Espírito Santo, tem por finalidade dar a revelação (Mt 11, 27) e a vida divina (Jo, 1, 2-12; 5, 25-26; 17, 2) à humanidade inteira e a cada homem.

Esta postura, conquanto aparentemente enalteça o Cristo, é limitadora, não apenas dele, mas, também, de Deus, que ficaria circunscrito a apenas um Mensageiro. As verdades, todas, estão aí para serem testificadas. O conhecimento universal é do domínio de todos. A Natureza se manifesta das mais diversas formas. A criação é contínua.

Em outro trecho, do mesmo capítulo da unicidade e universalidade de Jesus, declara a *Dominus Iesus* que:

> O Senhor é o fim da história humana, o ponto para o qual tendem os desejos da história e da civilização, o centro da humanidade, a alegria de todos os corações e a plenitude das suas aspirações.

A sua doutrina, o Evangelho que o Pai entregou, por seu intermédio, é que o é. A postura acima é do Concílio Vaticano II, da *Gaudium et Spes*, que busca expressar a universalidade do Cristo. Com efeito, a sua mensagem é para todas as gentes, mesmo para os incrédulos, ou para os que o desconhecem, e, até mesmo, para os que a ela se contrapõem.

O QUE NÃO DISSE JESUS | 123

E no final do capítulo, conclui que, enquanto está na História, é o centro e o fim desta mesma História: "Eu sou o alfa e o ômega, o primeiro e o último, o princípio e o fim" (Ap 22:13). É o fim, como finalidade última da salvação. Os que depois vieram, e continuam vindo, o fazem em seu nome. O sistema não se fechou. É o ômega, porque a sua palavra não admite tergiversação, salvo os que querem confundir, ou dela se beneficiar, por interesse próprio, sectário.

Em outro capítulo, destinado especialmente à unicidade e unidade da Igreja, diz-se que o Senhor é o único Salvador. E ele o é porque a sua palavra é uma, mas não será um único filho de Deus que trará a sua palavra, haja vista os que o antecederam, os profetas, e sucederam, os apóstolos. A unicidade existe porque o sistema é único, o ordenamento das leis do Cristo, o conjunto de ideias, o encadeamento lógico ou pensamento trazido por ele. E é universal porque se destina a todo o orbe, todos os homens, mesmo os que não creem, e os que o desconhecem.

Mais adiante, afirma-se que o Salvador confiou a Pedro "apascentar suas ovelhas" (Jo, 21:17), encarregando-o e aos demais apóstolos de difundirem a igreja católica e de a governarem (Mt 28,18ss). Daí a expressão *subsistit in*, com a qual o Vaticano II quis harmonizar duas afirmações doutrinais:

> Por um lado, a de que a Igreja de Cristo, não obstante as divisões dos cristãos, continua a existir plenamente só na Igreja Católica, e, por outro, a de que existem numerosos elementos de santificação e de

verdade fora da sua composição" (Cf. Carta Encíclica *Ut Unum sint*).

E conclui:

> Existe, portanto, uma única Igreja do Cristo, que subsiste na Igreja Católica, governada pelo sucessor de Pedro e pelos bispos em comunhão com ele" (Cf. Congregação para a Doutrina da Fé, Declaração *Mysterium Ecclesiae*).

As comunidades eclesiais, ao invés, que não conservaram um válido episcopado e a genuína e íntegra substância do mistério eucarístico, **não são igrejas** (grifo nosso).

Mas para a salvação, por leigos: pescadores, a que ele chamava "pescadores de almas", e até de mulheres de má fama e de homens odiados, como os cobradores de impostos, pois os que gozam saúde de medicamento não carecem.

No capítulo 5º da Declaração da Congregação para a Doutrina da Fé, a *Dominus Iesus,* afirma que não se pode separar o Reino e a Igreja, unidos indissoluvelmente (Enc. *Redemptoris missio*). Que o Reino diz respeito a todos: às pessoas, à sociedade, ao mundo inteiro, afirma a Declaração. Mas enfatiza que o Cristo não pode ser entendido porque não possui a fé nele, enquanto que povos, culturas e religiões se podem encontrar na mesma e única realidade divina, qualquer que seja o seu nome. Privilegiam o mistério da criação, mas omitem o

O QUE NÃO DISSE JESUS | 125

da redenção e acabam por marginalizar ou desvalorizar a Igreja, como reação a um suposto eclesiocentrismo do passado, por considerarem a Igreja apenas um sinal, aliás passível de ambiguidade (Cf. Catecismo da Igreja Católica).

Em verdade não se pensa em destruir, combater ou extinguir a Igreja, como ela é, mas de transformá-la, adaptá-la, atualizá-la. É o pensamento vivo do Cristo, acrescentando-se um *plus* à sua palavra.

Finalmente, no que concerne à Igreja e às religiões, afirma a Declaração que a Igreja peregrina na Terra é necessária para a salvação, e, quanto às diversas tradições religiosas, contêm elementos de religiosidade (*elementa*, não se lhes podendo atribuir origem divina nem a eficácia salvífica[7] *ex opere operato* própria dos sacramentos cristãos. A esse passo parece dirigir-se, a Declaração, às novas Igrejas e Bispos, que assim se intitulando não poderiam oferecer os sacramentos da Santa Madre Igreja, pois essa seria a única e legítima representante do Cristo (Cf. Conc. de Trento, Declaração de *Sacramentis*).

E conclui, a *Dominus Iesus:* Acreditamos que esta única verdadeira religião se verifica na Igreja Católica e Apostólica, à qual o Senhor Jesus confiou a missão de difundir a todos os homens, dizendo aos Apóstolos: "Ide, pois, fazer discípulos de todas as nações, batizai-as em nome do Pai, do Filho e do Espírito Santo e ensinai-lhes a cumprir tudo quanto vos mandei". (Mt 28:19-20.)

Como dissemos no início deste modesto trabalho, foi

---

7. Mantemos neste contexto o termo *salvífico,* ou salvítico, respeitando a forma grafada pelo Autor, mas em outros momentos substituímos por *salvacionista.*

tal a repercussão desta Declaração da Congregação para a Doutrina da Fé, órgão que substituiu o Santo Ofício (Tribunal da Santa Inquisição), de infeliz memória, que o Santo Padre, falando no domingo de 1º de outubro, a uma multidão de cerca de 70 mil pessoas, ao término da solene cerimônia de canonização, quis intervir pessoalmente na polêmica despertada com a *Dominus Iesus*, para declarar que "com o Apóstolo Pedro confessamos que em nenhum outro nome existe salvação" e que, "nas pegadas do Concílio Vaticano II" (que conclama ao ecumenismo)

> [...] com isso (com a *Dominus Iesus*) não é negada a salvação aos não cristãos, mas se indica a fonte última dessa salvação em Cristo, em quem estão unidos Deus e o homem.

E conclui:

> A *Dominus Iesus* exprime, assim, uma vez mais, a mesma paixão ecumênica que está na base da minha Encíclica *Ut Unum Sint*. É minha esperança que essa Declaração, que me é muito querida, depois de tantas interpretações erradas, possa desempenhar finalmente a sua função esclarecedora e, ao mesmo tempo, de abertura.

Jesus foi o espírito mais perfeito que Deus enviou para o nosso progresso espiritual. Um exemplo vivo, das coisas que deveríamos fazer e do proceder. Conviveu com costumes que deveriam ser ultrapassados, com o poder religioso e temporal, que moldava os valores segundo uma ótica até então vigente, carecendo de mão de ferro, mas com doçura no coração e nas palavras, para que a semente germinasse, a doutrina prosperasse, a mensagem se perpetuasse. Tanto que foi rígido, algumas vezes, como quando expulsou os vendilhões do Templo ou quando os chamou "raça de víboras, até quando estarei convosco?"

No mais das vezes, porém, foi somente doçura e compreensão. A sua missão, após decorridos dois milênios, ainda não foi de todo entendida, e está praticamente desconhecida da grande maioria dos habitantes do planeta, pessoas ora mergulhadas na ignorância, ora nas crenças do passado. O cristianismo não deseja nem precisa sobrepor-se às demais religiões e seitas. Ele virá naturalmente. Em alguns casos depois de choro e ranger de dentes. Mas virá para todos.

Capítulo 34

Segunda Grande Revelação

TODOS NÓS CONHECEMOS a passagem onde João Batista, primo de Jesus, batizava no Rio Jordão, seus seguidores, e que Jesus se aproximou, adentrou as águas e deixou-se também batizar. E ante a aparente surpresa de todos, aproveitando-se da pequena presença de ouvintes, proclamou:

– Eu não vim revogar a Lei (referindo-se à Lei Mosaica), mas dar-lhe cumprimento.

Com efeito, a mensagem de Jesus, considerada como a Segunda Grande Revelação, em vários outros momentos, quando questionada pelos vigilantes doutores da Lei, gente do Templo, reafirmava que tudo que dizia e professava estava em conformidade com o dito pelo notável condutor dos judeus e hebreus, na fuga da escravidão do Egito, em demanda da Terra Prometida, parando, no caminho, junto ao Monte Sinai[8].

---

8. O Monte Horeb, na Península do Sinai, acabou também conhecido por esse nome.

130 | JOSEVAL CARNEIRO

Essa montanha íngreme, pedregosa, recebe caravanas de peregrinos ao longo do ano. A subida, a pé, leva em média quatro horas, e em geral é feita à noite, devido ao elevado calor reinante. Nesse monte, como consta da tradição hebraica, Moisés recebeu de Deus as Tábuas da Lei, os Dez Mandamentos[9]. Assim, a Lei Mosaica abolia o politeísmo, dando um vigoroso passo em direção ao monoteísmo, à abolição da adoração de imagens, como a que se fazia ao bezerro de ouro, igualmente aos sacrifícios de pequenos animais oferecidos a Deus.

E ao dizer que não dissera tudo, pois não o entenderiam, Jesus prometeu que pediria ao Pai um Consolador, que viria a ser a mensagem dos espíritos, a Terceira Revelação, consubstanciada na obra codificada por Allan Kardec, um espírito talhado para a ingente tarefa. Com efeito, coube a esse insigne pensador francês publicar *O Livro dos Espíritos* (em 18 de abril de 1857), seguindo-se, depois, os demais, *O Livro dos Médiuns, O Evangelho segundo o Espiritismo, O Céu e o Inferno* e, por fim, *A Gênese*.

Mais tarde, vieram à luz *Obras Póstumas*, editado por sua dedicada esposa, Amelie Boudet, após sua desencarnação, além de outras pequenas brochuras, como *O que é o Espiritismo* e *O Espiritismo em sua expressão mais simples*, que intercalaram as chamadas Obras Básicas. Há que citar ainda a *Revista Espírita*, mensal, que circulou de janeiro de 1858 a abril de 1869, e a publicação dos seus discursos, fruto das *Viagens Espíritas* que procedeu,

---

9. Na visão espírita, Moisés, portador de mediunidades variadas, incluindo a de efeitos físicos, recebeu os Mandamentos por via mediúnica. **Nota do Revisor**

O QUE NÃO DISSE JESUS | 131

lançando as sólidas bases da nova doutrina, a Terceira Revelação prometida, destinada aos que tenham olhos para ver e ouvidos para escutar, doutrina ético-moral, para a reforma íntima dos indivíduos.

Em sua breve, rica e missionária jornada, sobre o orbe terráqueo, Jesus falava por parábolas, para melhor ser entendido, numa linguagem exemplificada pelos sublimes procederes, aproveitando-se a cada momento, nos limites que a cultura vigente o permitia, e apesar dos naturais apupos dos Doutores da Lei, sempre respondendo inteiramente aos questionamentos, como bem o sabemos, não perdendo ensanchas para ensinar a Boa Nova, antes que o sacrificassem, com a crucificação, ato ignóbil que ele pressentia e sabia iria acontecer, mas aceitou o sublime holocausto, que o levaria e à sua mensagem aos píncaros da glória.

Capítulo 35

DAI A CÉSAR O QUE É DE CÉSAR

EM VÁRIAS PASSAGENS entre hebreus, judeus, romanos, Jesus foi questionado sobre as mais diversas situações aparentemente imaginando que o Divino Mestre agia em confrontação com os ditames da Lei de Moisés, que o levaria ao Tribunal do Templo, onde os Doutores da Lei, por delegação divina, atribuía-lhes o direito de julgar e de condenar.

Em todas as oportunidades, Jesus aproveitava para avançar e dar-lhes lições que ultrapassaram o seu tempo. E exatamente lhe testavam, um tanto para saber sua opinião, mas, na maioria das vezes, para incriminá-lo perante a Lei Mosaica.

Certa ocasião um grupo se dirigiu ao Mestre galileu, indagando-lhe se deveriam pagar impostos. Ora, todos sabem que ninguém paga tributos de bom grado, e, assim, Jesus haveria de indispor-se com a turba. De outro lado, se dissesse "não paguem", seria preso por ofensa às leis de Roma, sublevação, desobediência civil, como se diz hoje.

Ele tomou de uma moeda, que continha a efígie, imagem do imperador romano e, exibindo-a ao grupo disse, filosoficamente, apontando a efígie insculpida em sua face: "A César o que é de César, e a Deus o que é de Deus". Solucionou de forma diplomática o questionamento.

Capítulo 36

Raça de víboras! Até quando estarei convosco?

Jesus repousava no convés de um barco pesqueiro, junto com seus discípulos, que ele fez "pescadores de almas", já que aos 12 anos, falando no Templo aos Doutores da Lei, estes não se impressionaram a ponto de segui-lo, na sua atividade missionária, visitando as cidades que margeavam o Lago Genesaré (que visitamos, a bordo de uma embarcação daquele mesmo tipo usada pelo Divino Mestre), sendo Cafarnaum a mais desenvolvida e conhecida.

Mas ocorreu uma enorme tempestade. Os ventos aumentaram a altura das ondas, assustando os humildes pescadores, que temeram um naufrágio.

Conhecendo os poderes de Jesus, pelo que ele sempre pregava e os milagres que produzia, correram a acordá-lo, para manifestarem seus temores.

O Mestre caiu em orações e aos poucos a tempestade foi amainando-se, acabando por desanuviar-se o céu, acalmando os pescadores.

O Mestre insatisfeito com a falta de fé dos pescadores, que não fizeram o mesmo que ele, orando, proclamou: "Raça de víboras, até quando estarei convosco ...!"

Pois ele dizia:

– Se tiverdes a fé do tamanho de um grão de mostarda, removereis montanhas.

Certamente que era uma frase de efeito semântico, uma metáfora, pois a montanha mais densa e alta era a de nossas próprias iniquidades, que habita os nossos corações.

Capítulo 37

AO TERCEIRO DIA RESSURGIU DOS MORTOS

CONTA A LENDA que Jesus foi retirado da cruz, após proclamar *Consumatum est* (Está tudo consumado), acrescentando "Pai, a Ti entrego meu espírito", deixando tombar a cabeça. Em seguida, um soldado romano, como era costume da época, espeta-lhe uma lança abaixo das costelas, para confirmar a morte.

Sua mãe, Maria, familiares e seguidores conduziram o corpo até uma caverna, feita sepultura, fechada com uma enorme pedra que rolava de um lado para o outro. E ali permaneceria, local guarnecido por dois soldados romanos, que vigiavam, para que dali não retirassem o corpo. O corpo foi removido assim que eles adormeceram, dando-se a ele uma sepultura digna.

Mas, no terceiro dia, conta a lenda, Jesus apareceu a Madalena e, logo após, na Estrada de Emaús, aos seus discípulos, os quais estupefatos viram que ele não morrera. Um deles chegou a pedir que mostrasse as mãos, com vestígio dos cravos que as perfuravam na cruz.[10]

Mas onde esteve Jesus durante três dias? O Mestre estava com Judas, que se suicidara, arrependido pelo gesto de traição por trinta moedas. Tentava acalmá-lo e ensiná-lo que a vida não se esvaíra nem para si, morto na cruz, nem para Judas. E ele teria oportunidade de redimir perante a própria consciência.

---

10. Há também quem defenda que os cravos eram martelados à altura dos punhos, e não nas mãos. **Nota do Revisor.**

Capítulo 38

JESUS, DOS 12 AOS 30 ANOS

UMA QUESTÃO QUE intriga historiadores e teólogos de todos os tempos é onde estaria Jesus na idade de 12 aos 30 anos. Tem-se notícias de sua presença no Templo aos 12 anos, quando conversou com os doutores da lei, as autoridades eclesiásticas da época, respondendo às mais diversas questões que lhe eram apresentadas. E somente voltaria à cena aos 30 anos, pregando até os 33, quando foi crucificado.

Alguns dizem que Jesus convivera com os essênios, comunidade fechada de sábios e estudiosos que habitavam grutas nas montanhas às bordas do Mar Morto.[11] A tese de que Jesus vivera entre os essênios é uma das mais aceitas, tendo ali haurido toda a sabedoria dos essênios. Mas o Divino Mestre foi o espírito escolhido por Deus como a mais perfeita das criaturas, vinda ao

---
11. Em excursão às terras santas, visitei as grutas do Mar Morto, uma experiência marcante para mim. Uma onda de energia inusitada invadiu-me o ser, o que me confirmou a informação de que já vivera ali, numa existência anterior. **Nota do Autor.**

140 | Joseval Carneiro

orbe terrestre, e, dessa forma, nada tinha a aprender, só a ensinar.

Assim, tanto nas cavernas incrustadas nas montanhas do deserto na Judeia, na Índia ou no Egito, não há provas de que Jesus tenha vivido ali a adolescência e parte da mocidade, até que iniciasse o seu ministério de luz, já na fase adulta. Mas os Evangelhos conhecidos, os quatro, de Lucas, João, Mateus e Marcos, por se situarem na Palestina, não fazem referência a esse período na vida do Mestre. Mas há outros evangelhos, chamados apócrifos, assinalando a presença do jovem messias fora da Judeia.[12]

Por essa razão preferimos seguir William Shakespeare, que dizia haver mais coisas entre o Céu e a Terra do que possa imaginar a nossa vã sabedoria.

---

12. Também numa dessas cavernas, dentro de um pote, foram encontrados, em 1947, rolos de pergaminhos, os Manuscritos do Mar Morto, de grande contribuição para a história do povo judeu, jogando luzes sobre vários pontos ainda obscuros para os historiadores. Novamente, fui assaltado por um forte sentimento, espécie de *déja-vù*, dando-me a convicção de que tenho algo a ver com aquele fato. **Nota do Autor.**

Capítulo 39

EM VERDADE VOS DIGO HOJE, ESTARÁS COMIGO NO PARAÍSO

UMA VÍRGULA PODE mudar todo o sentido da frase. Jesus, sob pena de contrariar a lei da Natureza, nunca poderia prometer ao bom ladrão, que se achava igualmente crucificado ao seu lado, que ele estaria naquele mesmo dia no Paraíso.

Assim, a frase "Em verdade vos digo hoje, estarás comigo no Paraíso" deve ser compreendida, lida e entendida como está no título deste capítulo.

Por melhor que fosse o bom ladrão, não teria estirpe para subir ao Céu no mesmo patamar de Jesus. Nem Judas, que pecou. Nem Simão Pedro, que igualmente o negou.

O crescimento pessoal, de cada um, processa-se subindo, degrau a degrau, a Escada de Jacó. Que é demorada, exaustiva, esforçada. Ralando a cada dia, dentre os familiares que nos são dados reencarnar juntos, para redenção de velhas questiúnculas, antigos acertos de contas.

Por isso Jesus disse, no Sermão do Monte, "Aquele que se humilha, será exaltado", ou seja, os orgulhosos voltarão em nova roupagem em condição mais simples, para cumprir o aprendizado da humildade. E aqueles que já usufruíram, já receberam vantagens aqui mesmo na Terra, não mais carecerão delas no Reino de Deus.

Por isso: "Bem-aventurados os mansos, pacíficos, humildes, sedentos de justiça, porque serão saciados".

Capítulo 40

CONSUMATUM EST

JESUS CRUCIFICADO. EXAUSTO. Fora preso naquela madrugada, após a ceia com os discípulos, indo meditar no Monte das Oliveiras, onde os apóstolos, pegados no sono, não viram a aproximação dos soldados romanos, afastados do burburinho da cidade.

Para lá se dirigiu Judas Iscariotes, sabendo onde achá-lo, para entregá-lo aos soldados e à turba dos sacerdotes do Templo.

Identificado pelo beijo acusador, preso, mãos amarradas à altura dos pulsos, foi conduzido ao governador Pôncio Pilatos, que disse não ver crime algum naquele homem. Ele foi levado, então, a Herodes, rei da Judeia, que preferiu abster-se do caso, mandando-o de volta ao representante de Roma.

Para saciar a ira popular, de ânimos inflados pelos doutores da Lei, Pilatos propôs então, como era costume durante a Páscoa judaica, libertar um prisioneiro. Apresentou então Barrabás e Jesus e deixou que o povo escolhesse entre os dois condenados. O povo preferiu Barrabás. Ainda assim, o prelado de César, na tentativa de evitar a pena máxima da cruz, fez que o açoitassem, conforme mandava o costume judaico.

Mas Anás e Caifás, os representantes do sinédrio, queriam mais. Puseram sobre sua cabeça uma coroa de espinhos – para zombar do seu reinado – fizeram-no conduzir pesado madeiro até o Gólgota, isto é, o Monte da Caveira, onde eram crucificados os criminosos comuns. No trajeto sofreu todo tipo de humilhação, escárnio, quedas, havendo um dos soldados ordenado a um assistente, Cirineu, que ajudasse o condenado a levantar-se, carregando, juntos, a pesada carga.

Assim, no Monte, pregado na cruz, que fora elevada com auxílio de grossas cordas, o corpo de Jesus dobrava sobre si mesmo. Os pulmões asfixiados, levaram-no ao desfalecimento. Mas, antes, sentindo a proximidade da morte, proferiu: "Mulher, eis aqui teu filho. Filho, eis aqui tua mãe". E disse, na língua romana, para que os soldados entendessem: *Consumatum est*, ou *Está tudo consumado*. E finalizou, em hebraico: *Eli, Eli, lama sabactani!* Ou: Senhor, Senhor, como quero glorificar-Te!

Nos últimos estertores, o sublime condenado ainda exclamou, num último esforço: "Pai! Em tuas mãos entrego meu espírito". E um soldado, cumprindo o ritual, com uma longa lança, feriu-o à altura das costelas, logo abaixo de um dos pulmões, deixando jorrar sangue, o que configurava a morte do supliciado.

Capítulo 41

A EXPULSÃO DOS VENDILHÕES DO TEMPLO

ELE JÁ DISSERA em outra ocasião que não viera revogar a Lei (a lei mosaica), mas dar-lhe cumprimento. Por isso, respeitava o Templo, onde se adorava a Deus e onde os devotos rendiam graças e faziam sacrifício de animais em seu nome.

Por isso, ao visitar aquele reduto sagrado, encontrando os vendedores de pombos, bodes e cabras, galinhas e pequenos outros animais para sacrifícios, além de bancas onde os viajantes faziam a troca de moedas, não titubeou. Levantou, com as mãos, as tábuas sobre os cavaletes, bradando: "Respeitem a casa do Senhor!" E tomando de algumas cordas finas, dobrou-as em si mesmas, fazendo um látego, e dali expulsou os vendilhões.

Essa passagem da Bíblia algumas vezes suscita polêmicas, já que aquela conduta enérgica não coadunava com a doçura do Divino Mestre, tampouco com a sua tolerância ante as fraquezas humanas. Mas ele já demonstrara antes, ante certas condutas que merecessem reproches, aquela mesma energia, austera e firme, suficiente para repelir comportamentos que tais, como o pânico durante a tempestade que se abateu sobre a nau dos pescadores. Ou ainda quando se dirigiu aos apóstolos usando a expressão "raça de víboras".

Jesus ensinara que humildade não significava subserviência. Quando esbofeteado por um soldado, à frente de Pilatos, falou-lhe com firmeza: "Soldado, por que me batestes?", posto que nenhum julgamento ainda se processara e, mesmo que assim o fosse, ninguém estaria autorizado a agir como carrasco a um indefeso prisioneiro. Ensinou a altivez, a coragem ante os resolutos. Desafiou a autoridade do governador, o qual, ímpio e pusilânime, omitia-se.

Capítulo 42

Há muitas moradas na casa do Pai

ESTA PASSAGEM DO Evangelho nos leva bem mais adiante no entendimento dos muitos mundos habitados.

Antigamente se imaginava que a Terra era o centro do Universo. Por muito menos que isso, Galileu Galilei foi mandado à fogueira da Inquisição, por afirmar que era a Terra que girava em torno do Sol, o que contrariava também o profeta.

Os modernos telescópios, como o Hubble, da Nasa[13], fora das nuvens e camadas terrestres, informam da existência, somente na Via Láctea, mancha branca que divisamos em noites escuras, milhões de galáxias (constelações de estrelas) e sóis como o nosso, em torno dos quais pululam planetas, muitos deles com as mesmas condições de vida ou semelhantes à vida na Terra. Admite-se também vida em outros tantos, ainda

---

13. Agência espacial americana.

148 | JOSEVAL CARNEIRO

que a conformação morfológica de seus habitantes não seja igual aos humanos da Terra, atendendo à estrutura desses planetas.

Não é por acaso a informação, desde as inscrições rupestres, nas cavernas, de seres alados que nos visitaram, alguns com a cabeça acomodada em capacetes, como escafandros, os chamados ETs, ou extraterrestres.

Aliás, os livros espíritas nos informam que somos exilados de Capela, de uma constelação denominada Alcione, por não termos podido acompanhar seu desenvolvimento intelecto-moral, recrudescendo para um planeta primitivo chamado Terra. Essas migrações são oportunidades evolutivas para os espíritos retardatários, na caminhada espiritual evolutiva, onde vamos levar, aos retardatários no aprendizado, conhecimentos, da mesma forma que espíritos portadores de enormes cabedais de informações, como Leonardo da Vinci, e outras tantas mentes privilegiadas, como os que reencarnaram num arquipélago chamado Grécia, vulcânico, mas dotado de intrépidos navegadores, como são até hoje os armadores gregos, capazes de levar bem mais longe as descobertas científicas nas Artes, na Filosofia, no Teatro, na Música.

Para entender bem essa alocução do Cristo seria preciso esperar uma Terceira Revelação, que viria com as comunicações dos espíritos, que moldraram a obra de Allan Kardec, a doutrina dos espíritos.

Capítulo 43

Não verás o Reino dos Céus se não renasceres de novo

"É JOÃO, A quem mandei decapitar, que ressurgiu." (Herodes, in Marcus, VI: 14-16.) "E se esforçava para vê-lo" (Lucas, IX, 7-9). "Os discípulos entenderam que ele (Jesus) lhes falava de João Batista (Elias), que veio e eles não o reconheceram, e o decapitaram, assim também o Filho do Homem há de padecer" (Mateus, XVII, 10-13).

O doutor da Lei, Nicodemos, que tinha fome de conhecimento, saiu à noite, disfarçado, com roupas simples, à procura de Jesus e, o encontrando, indagou-lhe como poderia o homem renascer de novo, se já fosse velho? E Jesus respondeu-lhe: "Renascer da água e do espírito", referindo-se à bolsa com líquido amniótico, que contém o feto em gestação. Assim, renascemos da água, mas, também, do espírito, eis que reencarnado novamente.

Reencarnação à época era chamada por ressurreição. E comentou Jesus: "Tu és mestre em Israel e ignora estas coisas? Se tratando das coisas terrenas, não me credes, quanto menos se vos falasse das coisas espirituais!" (João, III, 1:12). Os antigos criam que tudo nascia das águas, que a vida nascera das águas. Não poderia ressurgir dos mortos, pois o corpo, não animado, perece. O que Madalena viu, com seus olhos espirituais, foi o espírito Jesus, resplandecente, materialização luminosa, que não é dado a toda pessoa ver. Foi visto na Estrada de Emaús, e ainda uma vez aos discípulos. Nessa visita, um deles, Tomé, descrente, pediu-lhe para ver as marcas do flagelo na cruz. E Jesus mostrou-lhe as feridas, dizendo: "Tu vistes e, por isso, agora crês. Porém, bem-aventurados aqueles que não viram, e creram."

Hoje a ciência demonstra claramente a vida depois da vida, por meio das experiências de regressão a vidas passadas, às recordações ou *insights* também chamados por *déjà-vu*, o aparecimento de crianças prodígio, que falam vários idiomas, sem que nunca os tivessem aprendido antes, e mesmo aquelas que tocam instrumentos musicais, e são exímios instrumentistas, sem que jamais tivessem frequentado conservatório. Acrescentem-se as experiências de quase morte, de Elisabeth Kübler-Ross, ressuscitando pessoas em UTIs, gravando mais de dois mil depoimentos, e as terapias regressivas a vidas passadas (TVPs).

E conclui Jesus: O que é nascido da carne é da carne, o que é do espírito, é do espírito, distinguindo uma coisa de outra.

Capítulo 44

MEU JUGO É LEVE

MUITAS VEZES RECLAMAMOS da vida, culpando Deus por impor-nos sacrifícios e dores. Mas sabemos que recebemos conforme nossos merecimentos, conforme nossas faltas, nossas necessidades evolutivas, de acordo com a lei de causa e efeito, de atração, como bem dita no livro *O segredo*[14], objeto de filme premiado.

Em certos casos achamos que o Pai é impiedoso, quando, na verdade, Ele é sempre misericordioso, dando-nos o frio conforme o cobertor.

"O meu jugo é suave e o meu fardo é leve", disse Jesus (Mateus XI, 28 a 30). E completou: "Vinde a mim vós que estais fatigados e eu vos aliviarei". Ele não prometeu curar, mas aliviar. A Lei impõe, como dever, o exercício do amor e da caridade.

Mas para alívio das nossas dores é preciso que haja merecimento. Pois se a Lei é natural, não a poderemos revogar.

---

14. *The secret*, da escritora Rhonda Byrne, lançado em 2006. Livro de autoajuda, com 40 milhões de cópias vendidas, deu origem a documentário.

152 | JOSEVAL CARNEIRO

Para aqueles que duvidam e não esperam nada desta vida, o fardo lhes parece pesado.

O Consolador vos fará relembrar de tudo que vos tenho dito (João, XIV, 15 a 17: 26). Se o espírito vem relembrar é porque Jesus não disse tudo ou foi esquecido. Ou ainda mal compreendido.

Algumas vezes nossas idiossincrasias são de tamanha ordem que necessitamos de várias reencarnações para repará-las, posto que não suportaríamos tudo de uma só vez.

Para bem entender a palavra do Senhor é preciso tomá-la como um todo, observando-se que, como na ciência do direito, o chamado ordenamento jurídico, as coisas se entrelaçam de uma maneira extraordinária. Não há contradições, mas interações ou interpelações. Um encadeamento metódico, pedagógico, digno de um homem da estirpe de Denizard Hipollyte Léon Rivail[15], cognominado Allan Kardec (uma de suas reencarnações, nas Gálias, hoje França, como sacerdote druida).

---

15. Recente pesquisa, realizada por Simoni Privato Goidanich, esclarece a "confusão" em torno do nome civil de Allan Kardec. No atestado de óbito, está grafado como Léon Hippolyte Denisart (com t) Rivail, de forma diferente com o assinado no testamento feito por Kardec, que aparece na forma Hippolyte Léon Denizard Rivail. Para solucionar juridicamente essa questão, que vinha causando sérios contratempos à viúva, foi proferida uma decisão judicial, na qual o nome civil foi apresentado como Denizard Hippolyte Léon Rivail.

Capítulo 45

SE VOSSA MÃO É MOTIVO DE ESCÂNDALO, CORTAI-A

É INEVITÁVEL QUE venham os escândalos, mas ai daquele por quem venham os escândalos. Se tuas mãos ou teus pés forem motivos de escândalo, melhor fora cortá-los. Melhor chegar na vida eterna manco ou aleijado, do que seres lançado no fogo do inferno.

Claro que é uma metáfora. Muitas vezes maldizemos o estado em que nascemos, com aleijões, sem sabermos, claramente, o que fizemos em vidas pretéritas para merecermos tais acometimentos, condição que atraímos pela lei de causa e efeito, injunção que nos acompanha, como chaga, fruto de invigilâncias passadas.

Buscamos, inconscientemente, essas perdas, como forma de reparação. Em alguns casos o arrependimento nos ocasiona mudanças no curso da vida futura, na programação que fizemos junto com a espiritualidade superior, encarregada da engenharia reencarnatória.

Outras vezes é preciso efetivamente sofrer os vexa-

154 | Joseval Carneiro

mes. Em alguns casos as faltas são de tal ordem, que uma reencarnação apenas não dá condições de saldar todas as dívidas, pois não suportaríamos tantos reveses. Jesus chamava a esses endividados de sepulcros caiados, brancos por fora, mas imundos por dentro.

Josué Arapiraca, notável médium, presidente do Centro Espírita Mensageiros da Luz, dizia que a pessoa demonstra um verniz, encobrindo os seus verdadeiros princípios, o caráter, os procedimentos. E ele, portador de clarividência, mergulhava, ao vivo, no passado dessas pessoas e com a vidência vislumbrava a ligação com o obsessor. Sua força mental, moral, espiritual era tamanha, que o obsessor era afastado quase que sumariamente. Em alguns casos fez lembrar a passagem em que Jesus liberta o homem de Gadara de cruel obsessão, fazendo com que os espíritos que o atormentavam batessem em retirada, em meio à manada de porcos, que por ali passava, precipitando-se todos num precipício.[16]

Mas a verdadeira e final libertação se faz com o perdão, com amorosidade, com o serviço. Em uma ou mais reencarnações.

---

16. Essa passagem dos Evangelhos mereceu interpretações diversas. Entre os espíritas, alguns estranham que houvesse por ali manadas de porcos, já que a carne desse animal não era consumida pelos judeus. **Nota do Revisor**

Capítulo 46

O ARGUEIRO E A TRAVE

GOSTAMOS DE JULGAR. No entanto, desde há 2 mil anos Jesus nos tem ensinado: "Os olhos com que julgardes, com esses mesmos olhos também sereis julgado".

Aos hipócritas fariseus que levaram a adúltera à sua presença, mais uma vez para testá-lo, muito mais do que para aprender, ele, sentado no chão, sem levantar os olhos, escrevendo com o dedo na areia, proclamou: "Quem de vós estiver isento de pecados, atire a primeira pedra". Assim se punia aos pecadores, sendo lapidadas as adúlteras. Mas diante daquela advertência, os apedrejadores foram se retirando, um a um.

Então, Jesus falou:

– Mulher, onde estão os teus acusadores?

– Se foram, Senhor.

– Eu também não te acusarei. Vai e não peques mais.

Jesus não absolveu a acusada. Mandou que não mais pecasse (João, VIII, 3-11)

Costumamos ser muito severos com os erros dos outros, mas extremamente condescendentes com os nossos próprios erros. Por isso apuramos a vista e enxergamos um cisco no olho do outro, mas ignoramos uma trave no próprio olho.

Para nosso próprio soerguimento, precisamos ser vigilantes e severos para com as nossas culpas e erros, a fim de galgarmos, cada vez mais, os degraus da Escada de Jacó, adquirindo musculatura espiritual, o que somente conseguiremos submetendo-nos espontaneamente às agruras da vida.

Somente orando, ou dizendo Senhor, Senhor..., não iremos a lugar algum. Por isso ele disse: "Deixai sua oferenda no Altar, volvei e reconciliai-vos com vosso desafeto". Um desafio e tanto.

E tudo que ele dizia, exemplificava. Por esta razão, pregado na cruz, supliciado da forma mais infame, no instante final disse em latim: "Perdoai-os, Pai, pois não sabem o que fazem".

Claro que o Pai nem precisaria perdoar, posto que Ele não acusa; mas Jesus precisava dar esse exemplo aos que o sacrificavam, cientificando-lhes, *pro domo suo* (para eles próprios), que nenhuma culpa lhes seria atribuída.

Para ilustrar o tema em estudo, recordo interessante conto.

Um professor colocou enorme lençol cobrindo o quadro de giz, onde, na sua mais absoluta alvura, havia um pequenino pontinho preto. Ele indagou dos seus alunos o que estariam vendo, e eles responderam: – Um pontinho preto. Isso mesmo. Só viram um pontinho preto.

Muitas vezes enviamos *e-mails* a diversos amigos, e

eles, quase sempre, não respondem. Mas há os que respondem, dizendo que notaram um pequenino erro de linguagem, em determinada palavra.

Por isso, para progredir, devemos sempre aquilatar o que fazemos, corrigindo-nos diuturnamente. Mas devemos, também, ser tolerantes, condescendentes, com os erros dos outros.

Capítulo 47

O VINHO DE JESUS

ÀS VÉSPERAS DE ser preso e crucificado, Jesus distribuiu pão e vinho aos seus discípulos, na chamada santa ceia.

O pão repartido, símbolo da solidariedade e da caridade.

O vinho servido, símbolo de sua mensagem, da qual todos deveriam se embriagar, celebrando a união da humanidade em torno dele. "Este é o meu sangue. Tomai e bebei." E nas bodas, em Caná, lá pelas tantas, faltando vinho na casa, vieram lhe dizer, aflitos, que a bebida tinha se acabado.

Claro que ele não iria embebedar os convivas, que já estavam mais pra lá do que pra cá. Jesus, com seu enorme poder mental, ao pedir uma bilha (pote) de água, aos convivas, concitou-os a experimentar o vinho, fazendo-os crer, nas suas mentes, que a água era vinho, e do bom. Eles provaram e logo se encantaram, comentando: "Como é que deixaram o melhor vinho para o final da festa?"

A cultura nas vindimas era uma forma de ganho da incipiente agricultura da época. Desde a Península Itálica, até a Palestina, na Ásia Menor, onde estavam também a Jordânia, o Líbano e a Síria, incluindo toda a Pérsia (a Mesopotâmia, região entre os rios Tigre e Eufrates), mais o norte da África, com Líbia e Egito.

Mas é sabido, também, que vivemos numa sociedade industrial, consumista, competitiva, onde o estresse, dos 250 conhecidos, são prenúncio de ansiedade e de depressão, causador de suicídios. Uma tacinha de vinho na ceia propicia uma boa noite de sono. Hoje se reverencia a uva, devido ao decantado poder do *resveratrol*, na prevenção dos ataques cardíacos. Mas pode beneficiar-se da pectina, simplesmente bebendo sucos de uva, sem álcool.

Os cientistas, estudando os povos mais longevos do planeta, descobriram que cultivavam uva e faziam (e bebiam) vinho, surgindo daí a lenda de tomar-se uma taça de vinho para viver mais. Aprofundando os estudos, verificou-se que a verdadeira causa era o trabalho no campo, nas suas vindimas particulares, todos os dias, com a enxada no ombro, ao amanhecer, capinando o mato, preservando as plantações.

Capítulo 48

O ÊXODO, MIGRAÇÃO, DOS QUE NÃO SE ORGANIZARAM

JOÃO BATISTA, FILHO de Izabel, prima de Maria, veio ao tempo de Jesus, confirmando a Lei (de Moisés).

Estava a batizar, no Rio Jordão, quando Jesus, seu primo, foi até ele e se submeteu ao batismo. Confirmando sua assertiva de que "não vim destruir a Lei, mas dar-lhe cumprimento".

Assim, com as profecias de Isaías e outros luminares, trazendo mensagens para proporcionar-nos os avanços espirituais, num planeta antes primitivo, que acolheu exilados de Capela, da Constelação de Alcione, de onde emigramos por não poder acompanhar o passo da sua evolução, também a Terra recebia, com a vinda de Jesus, um forte impulso. Com o seu ministério, a humanidade absorveu conhecimentos superiores, mas ainda hoje padece as misérias de um estágio ainda inferior.

Agora já anunciam o êxodo, migração, dos que não se organizaram, não mais reencarnando no nosso planeta no futuro, a partir do ano 2000, levados, após a desencarnação, para outro orbe, na palavra de Geraldo Lemos, publicação do jornal *Folha Espírita*, com apoio da saudosa doutora Marlene Nobre, corroborado pela palavra de Divaldo Franco.

Ao mesmo tempo, uma multiplicidade de espíritos, leva de crianças precoces, portadoras de um conhecimento extraordinário, vêm à Terra, ora em transição, com a missão de acelerar o nosso progresso, em demanda da Nova Era. Tais efeitos, dessa transição ainda em curso, vão se prolongar ao longo do presente milênio, em transformação.

Capítulo 49

BIG BANG

GRAÇAS AOS PODEROSOS e modernos recursos tecnológicos da astronomia, inclusive telescópio espacial, livre das poeiras atmosféricas, pesquisadores descobriram que houve uma *super* explosão, menor que a do *Big Bang*, a partir de um gigantesco *buraco negro*[17], que produziu um formidável cone, onde várias órbitas abrigaram milhões de planetas e asteroides, em constelações de estrelas, da mesma luminescência da nossa conhecida Via Láctea, várias delas, em números quase inconcebíveis pela mente humana.

Isso significa dizer que são absolutamente insondáveis, dada a nossa pequenez. Significa supor a magnitude dessa Inteligência Suprema, que denominamos Deus, abrigando milhões de planetas, muitos da mesma

---

17. No âmbito da astronomia, buracos negros correspondem a região do espaço-tempo em que o campo gravitacional é tão intenso que nada — nenhuma partícula ou radiação eletromagnética como a luz — pode escapar dela. A teoria da relatividade geral prevê que uma massa suficientemente compacta pode deformar o espaço-tempo para formar um **buraco negro**.

164 | JOSEVAL CARNEIRO

qualidade e habitabilidade de vida concebida ao planeta Terra, além, naturalmente, de outros, tudo em termos de ciência pura, astronômica, com outras concepções de vida, como habitualmente visualizamos ao observar os protótipos de seres alados, a que batizamos com o nome de ETs (extraterrestres).

Por isso, à sua época, Jesus, não podendo nos dizer tudo, como ele mesmo afirmou, em face das limitações da época, prometeu que pediria ao Pai que nos enviasse um Consolador[18], que viesse aplacar a nossa natural sede de conhecimento e de justiça. Isso viria a acontecer 18 séculos depois, em 18 de abril de 1857, quando veio a lume *O Livro dos Espíritos*, seguido de outros que compõem o pentateuco de Allan Kardec, o codificador da doutrina dos espíritos.

Lembro-me, nos anos 60, quando dava aulas de História no Ginásio Irmã Dulce, adotando o livro do autor Borges Ermida, que continha um bem elaborado esquema ao final de cada capítulo, que me facilitava transcrever no quadro de giz (à época chamado quadro negro) e melhor desenvolver a aula do dia. Naquele livro, dada as limitações gráficas da época, não havia ilustrações, como hoje, policromias até. O que quer dizer que a informação evolui, muda ao longo dos tempos. Dessa forma, desde as transcrições do Antigo Testamento, profecias e avisos dos enviados do Senhor, depois, com Moisés, e a Lei das Doze Tábuas, recebidas por mediunidade no cume do Monte Sinai, transforma-

---

18. Vocábulo grego, *parakleto,* advogado, protetor do mundo. Ou ainda, no sentido teológico, espírito santo.

O QUE NÃO DISSE JESUS | 165

das no moseísmo, doutrina de Moisés, que substituiu o politeísmo pelo monoteísmo.

Após Moisés, que libertara o povo hebreu, com a fuga do Egito, onde era escravizado, em demanda da terra prometida, onde jorraria mel, temos então um novo ciclo em sua história, quando esse povo se fixou na Palestina! Mas Jesus viria entregar-nos a Boa Nova. Conquanto nada escrevesse de si, seus seguidores, principalmente Lucas, João, Mateus, Paulo (a meu ver o maior deles), além dos chamados evangelhos apócrifos, trouxeram-nos a palavra de Deus de modo mais claro.

Mas a Boa Nova haveria de completar-se com a codificação espírita, no século das luzes, em Paris, berço cultural de onde emanava toda a ciência dos homens, conhecida da época. E, continuadamente, a doutrina espírita, complementar das duas revelações anteriores, de Moisés e Jesus, apresenta-se na farta comunicação dos psicógrafos, como Chico Xavier, Divaldo Franco, Zilda Gama, Yvonne do Amaral Pereira e outros, demonstrando-se que o Criador nos cumula de novas informações, preparando-nos sempre para novas eras, como a que se avizinha, chamada de regeneração.

Assim, nos apercebemos, sem dúvida alguma, que o conhecimento não muda; aprimora-se. As velhas alegorias do Antigo Testamento, com zonas infernais, diabo, Juízo Final, estas devem ser substituídas por modelos mais coerentes, como o da doutrina da fé raciocinada, a que pode encarar a razão, face a face, em todos os tempos.

Ao dizer que "há muitas moradas na Casa do Pai",

Jesus nos adiantou coisas que ainda hoje não percebemos claramente, mais de dois mil anos depois da sua proveitosa vinda. E vejam os que têm olhos para ver, ouvidos para ouvir.

Capítulo 50

SEDE PERFEITOS

JESUS É O ser mais perfeito que a Divindade enviou ao nosso Planeta, com a finalidade de fornecer-nos um novo balizamento e acelerar, por misericórdia, a nossa evolução.

Os valores terráqueos são diversos dos divinos. Posto que, estes, a traça não corrói, e eles nos acompanharão *ad eternum*. Mas Jesus vem para apresentar uma doutrina compatível com a natureza do Criador. Demonstra que, amando, o ser é capaz de amar aos inimigos; amando, é capaz de fazer o bem aos que o odeiam e até orar pelos que o perseguem (Mateus, 5:44, 46 a 48).

Somente o amor sem compromisso, incondicional, pode redimir nossos erros pretéritos. Porque, se não fora assim, seríamos iguais aos publicanos. Ele veio trazer-nos a Boa Nova, pois Jesus é o caminho, a verdade e a vida.

A essência da perfeição é a caridade, na sua mais alta acepção.

O verdadeiro homem de bem é o que cumpre a lei de justiça, do amor e da caridade, o que deposita fé, tem fé no futuro. Deus, que aceita sem murmurar todas as provas e expiações. O que dá sem esperar reconhecimento ou gratidão. Não alimenta ódios nem rancores. Encontra satisfação nos benefícios que espalha.

E não só proclamou a verdade de Deus, mas a exemplificou. Por isso sua mensagem atravessou os séculos, perpetuando-se.

Não é fácil. Por isso ele disse: "Pega a tua cruz e segue-me". Para sorver o cálice que ele sorveu, é preciso coragem, obstinação, resignação, renúncia, reconhecendo-se o verdadeiro homem de bem pela sua transformação moral e pelo esforço que empreende para domar suas más inclinações. A "metamorfose ambulante", de que nos fala o cancioneiro da luz, Raul Seixas.

Cuidar do corpo e do espírito é fortalecer a musculatura moral, com as práticas diuturnas da benevolência, do perdão das ofensas, da caridade pura.

Capítulo 51

Muitos os chamados, poucos os escolhidos

LARGA É A porta da perdição e espaçoso o caminho que a ela conduz. Mas apertado é o caminho que implica esforço pessoal, o de carregar a própria cruz, de subir os degraus da Escada de Jacó, de renunciar aos prazeres imediatos, às honrarias terrenas, quase sempre despidas de sentimentos mais nobres.

A fé não basta; há que ser raciocinada e amparada pelas verdades eternas. Pela reforma íntima, mudança radical dos costumes até então praticados, o que ensejou o grande sacrifício da palavra de Deus, após os Mandamentos de Moisés, e, ainda assim, proclamando-se que o Pai nos enviaria um Consolador, já que não estávamos ainda preparados para as grandes verdades. Até hoje debatemo-nos em prazeres mundanos, amealhando moedas, impondo sacrifícios a outrem.

A porta estreita será de todos, posto que implica grande esforço para ultrapassá-la, modificando nossos velhos hábitos. Não se põem remendos novos em roupa velha. É preciso aprender com as experiências da vida, em múltiplas reencarnações, em roupagens diferencia-das, para capacitar-nos a desafios vindouros.

Todos são chamados à colheita na vindima. Mesmo o retardatário, o trabalhador da última hora, a undécima hora. Como a ovelha desgarrada, que retorna ao aprisco do Senhor. O filho pródigo que volta ao seio de Abraão. Podemos demorar-nos nesse viajar, mas todos chegare-mos e transporemos os umbrais da *gloria in excelso Dei*, e não apenas aos homens de boa vontade, mas todas as criaturas.

Capítulo 52

Os trabalhadores da última hora

Costumamos dizer vulgarmente "antes tarde do que nunca", para expressar consolo e esperança, na certeza de que o arrependido terá direito aos gozos no reino dos céus, como disse Jesus ao bom ladrão, ao proclamar: "Em verdade, em verdade, vos digo: ainda hoje estarás comigo no paraíso". Não é que fosse estar imediatamente nos gozos da felicidade eterna, mas ele disse "hoje", naquele momento, visto que a Natureza não dá saltos. Temos que purgar nossas culpas, reconciliar-nos com os nossos adversários, promover o bem, sem olhar a quem.[19]

---

19. Se *paraíso* for entendido como as bem-aventuranças dos que alcançam a glória na vida espiritual, essas palavras iriam em sentido totalmente contrário às leis de evolução e de progresso e, principalmente, de justiça. À luz da doutrina espírita, que destrói os conceitos de inferno e paraíso, compreende-se que *paraíso* quer significar a vida do espírito, ou seja, a verdadeira vida. Sob este prisma, mais coerente com o ensinamento dado pelos espíritos superiores, as palavras do Cristo em nada contradizem o espiritismo. A atitude de Dimas, diferente de Giestas, o outro crucificado, denota uma virtude no seu caráter:

Vamos refletir um pouco mais sobre a parábola dos trabalhadores da última hora. Um homem compareceu ao campo de trabalho, na vindima, para colher as uvas, chegando à undécima hora (corresponderia às 17 horas, se considerarmos que a jornada teve início às 6 horas e deveria terminar às 18 horas). Os demais, no entanto, ali estavam desde o amanhecer e já haviam colhido vários cestos de uvas. E, na hora de pagar, na saída, o empregador pagou igualmente o mesmo salário a todos, o que causou estupefação aos demais.

Assim é. Quase sempre nos preocupamos com os outros, sem olhar os mais altos (e sublimes) interesses superiores de agradecer. Aqueles trabalhadores estavam enciumados e incomodados com os que haviam chegado mais tarde e, ainda assim, recebiam o mesmo que eles.

Foi o mesmo ciúme do jovem ao ver o pai mandar preparar um jantar de regozijo para o seu irmão que retornara de longa viagem e havia dissipado toda a herança paterna. Aquele que ficara trabalhando com o pai, enciumou-se, achando que houvera tratamento diferenciado, visto que ele nunca recebera tal regalia, de um jantar de confraternização. Mas o pai, do alto da sua sabedoria, sabia o que estava fazendo. Regozijou-se pelo filho que voltara. Como o pastor que recuperou a ovelha desgarrada.

---

reconheceu que era criminoso e aceitou a sua pena, mas apiedou-se daquele que sofria sem que tivesse cometido qualquer crime. Creu nele, apesar da zombaria e escárnio da turba, e por isso foi glorificado pelo Mestre. Assim é que, mesmo nas horas derradeiras, os pensamentos últimos que nos acompanham poderão mudar a nossa sorte no mundo espiritual, de modo que entremos nele em condições melhores do que aquele que atravessa toda a existência, inflexível, sem arrepender-se dos próprios erros, e que tem nas suas últimas palavras um laivo de revolta e blasfêmia contra Deus. **N.R.**

As lições de Jesus são de uma profundidade que ainda hoje não conseguimos alcançar completamente. Decorridos mais de dois mil anos não entendemos, ainda, sua mensagem salvadora. Por esta razão a veneranda Joanna de Ângelis, mentora do notável médium e querido amigo Divaldo Franco, iniciou a sua série psicológica adentrando os recônditos da nossa mente, ainda um nebuloso panorama nos tormentosos problemas da criatura humana.

Capítulo 53

Não separe o homem o que Deus juntou

Vivemos dias apurados, em torno da sociedade conjugal, com separações e divórcios.

Devemos amar e jurar fidelidade, nas alegrias e nas dores, amparando a prole familiar que Deus nos cumula, para resgate de faltas passadas, ou, aconchego em tarefas coletivas assumidas. As uniões quase sempre não são por acaso.

Dizemos, às vezes, que o outro apresenta beleza física inigualável, mas que "não rolou a química", significando que um não está para o outro. Em certos casos, por invigilância, adiantamos os procedimentos, gerando um rebento, que força a união, mas esta não prospera e, quase sempre, acaba fracassando.

A união abençoada vem cercada desde o primeiro encontro, favorecido pelas energias convergentes, para ensejar uma caminhada a dois, amparada pela Divindade. Por isso se diz que "não separe o homem o que Deus juntou". Pequenas divergências podem acontecer, e é fruto da vida a dois, como convidados a "comer juntos um saco de sal".

O segredo está em aceitar as diversidades do parceiro. Respeitar a individualidade de cada um. Mudar o que pode ser mudado, mas aceitar as coisas como elas são verdadeiramente. Pequenas divergências até ajudam o casal. E a reconciliação é algo maravilhoso.

Na boa conversação, aparelhamento dos traços aparentemente divergentes, pode ser uma oportunidade de auscultar as nossas fraquezas, examinar os nossos erros, consultar as nossas intolerâncias e preconceitos. Dizemos até que "um é o obsessor do outro". Mas até o limite do respeito mútuo, sem agressões físicas ou morais.

Muitas vezes verdadeiramente aprendemos um com o outro.

Capítulo 54

Jesus veio para nos salvar, dar o seu sangue

Um equívoco que remonta às várias religiões. Como os livros novos substituem os antigos, em redação, ilustrações e até entendimento, e como Jesus mesmo disse que não havia "dito tudo", posto que "não teríeis condições de entender", ele mesmo disse que o Pai enviaria um Consolador, para dizer tudo.

Esse Consolador é exatamente a Terceira Revelação, o espiritismo, que sucedeu à Segunda Revelação, que é o Evangelho de Jesus, e que por sua vez sucedeu à Primeira Revelação, com Moisés, assentada nos Dez Mandamentos que o grande legislador hebreu concebeu da Espiritualidade Maior, no Monte Sinai, e pelos profetas que o seguiram.

Jesus disse que não veio revogar a Lei (dos Profetas e de Moisés), mas dar-lhe cumprimento. Portanto, o Antigo e o Novo Testamento.

Mesmo a obra da codificação, de Allan Kardec, a palavra dos espíritos, igualmente não revogando a Lei, não se apresenta como última palavra. De caráter progressista, tem sido complementada por outros missionários, que vieram cooperar na consolidação do espiritismo. Transplantada da França para o Brasil, a doutrina floresceu e alcançou todos os continentes, com a obra de médiuns de grande envergadura moral como Francisco Cândido Xavier, Zilda Gama, Divaldo Pereira Franco, entre outros. E outros deverão continuar nesse mister, posto que o espiritismo não é uma criação de homem algum, mas foi-nos permitido pela Providência Divina.

Assim, para o atual século, é de se esperar a chegada de novos trabalhadores. Que vão continuar, pois, à medida em que os nossos conhecimentos nos permitam adentrar sabedorias mais profundas, o Pai nos concederá coisas novas (*rerum novarum*).

Dessa maneira, e esse o escopo principal desta obra, agora em segunda edição ampliada, buscamos traduzir de um modo racional, como sempre foi a doutrina da fé raciocinada, o que acham que Jesus disse, ou quis dizer. Quando se fala que ele veio morrer para nos salvar, dar o seu sangue, não significa que seria tão simples a transformação do mundo a partir da reforma íntima dos homens. Ele disse "eu sou o caminho, a verdade e a vida" e que "ninguém vai ao Pai senão por mim", significando o conhecimento do seu Evangelho, que ele de si não escreveu, mas seus evangelistas, inclusive os evangelhos apócrifos, não adotados pelo mundo cristão, como os Manuscritos do Mar Morto.

Então o que nos salva não é o sangue derramado. Este

foi um supremo sacrifício pelo qual ele passou, mesmo sabendo, por clarividência, que beberia daquele cálice, chegando a pedir "afasta de mim esse cálice". Não obstante, obtemperou: "mas seja feita a Vossa vontade e não a minha".

Desse modo ele nos concedeu o seu Evangelho salvador, como "verdade, caminho e vida". Basta que o sigamos. Isso não é fácil, em face das nossas idiossincrasias e vicissitudes. Decorridos mais de dois mil anos, ainda guerreamos, conflagrando-nos em lutas ignóbeis e fratricidas.

Capítulo 55

Santa Maria, mãe de Deus

Em primeiro lugar, "que é Deus?", como indagou Kardec aos espíritos. Eles responderam: "Inteligência suprema, causa primeira de todas as coisas". Portanto, não era um bom velhinho, de barbas brancas, à semelhança dos homens (que pequenez a nossa!), pronto para um dia julgar os nossos atos no Juízo Final.

Claro que essas fantasmagóricas e aterrorizantes menções tinham por motivo conter os nossos desatinos. A ideia de que se fazia do Universo, à falta de outros conhecimentos, reduzia o planeta Terra ao seu centro, como queria Cláudio Ptolomeu, contestado por Nicolau Copérnico.

Depois da morte de Copérnico (1543), sua obra *Revolução dos corpos celestes*, apresentando a teoria heliocêntrica, foi comprovada por Galileu Galilei. Mas este retratou-se, quando ameaçado pela fogueira da Inquisição, já que a Santa Igreja governava *urbi et orbis*, e, num conúbio por conveniência, governantes e sacerdotes se davam as mãos.

182 | JOSEVAL CARNEIRO

O poder da Igreja seria, por fim, desprezado quando Napoleão, na Catedral Notre Dame, em Paris, tirou das mãos do papa a coroa que este deveria pôr sobre sua cabeça. Presente convidado, sua santidade viu atônito o imperador coroar-se e também coroar à sua esposa, Josephina, rompendo com a autoridade papal.

Para fortalecer-se, o clero dominante se intitulava intermediário entre Deus e os homens, concedendo a remissão dos pecados, pelo batismo, pecado original de haverem "comido da maçã", e também ministrando a unção do casamento, pela *mano injectio*, isto é, colocando a mão sobre as cabeças dos nubentes, conferindo-lhes a bênção divina. E, ainda, a confissão dos pecados, fato que gerou a insurreição de Jan Hus, bispo tcheco, 150 anos antes do nascimento de Martinho Lutero, condenando as indulgências e o pagamento de um dízimo, com o qual ficavam perdoados os pecados. Hus reencarnaria na França, Lyon, com a missão de codificar a doutrina dos espíritos.

E, por último, para ficar nos principais, a extrema unção, todos esses atos religiosos devidamente sujeitos a gestos, palavras e pagamentos de taxas em prol da construção do Vaticano, obra consolidada pelos Templários, pelas Cruzadas, pelas quais se mandava para a fogueira os insurretos, descrentes, feiticeiros e quem quer que se opusesse aos "superiores" desígnios da Igreja, apropriando-se de suas terras e propriedades imobiliárias. O Vaticano constitui, ainda hoje, o maior latifúndio imobiliário do mundo, de que se paga, pelo uso, uma taxa chamada laudêmio.

O QUE NÃO DISSE JESUS | 183

E para justificar essa intermediação, Santa Maria, mãe de Jesus, foi erigida ao cognome de *Mater Dei*. E, assim, Jesus seria Deus. Essa questiúncula menor não deve ser motivo de objurgações, mormente de espíritas. Até porque somos deuses. Em nós repousa a fagulha divina. Em demanda da espiritualização, como espíritos puros, num mundo espiritual de gozos e felicidade, após o advento desta Nova Era de Regeneração, ora em fase de transição planetária, após a qual viria a Era de Felicidade, como espíritos puros, sem necessidade mais de reencarnações. Fica um pouco difícil de entender, na atual fase de evolução humano-espiritual da Terra, como foram os Evangelhos de Jesus para sua época. Portanto, Maria, mãe de Jesus. Mas, não critiquemos quem diz "mãe de Deus".

Lembro-me, quando presidente da Federação[20], integrando um organismo ecumênico, Pró-Vida, a convite do cardeal D. Lucas Neves, primaz do Brasil, levamos o presidente dessa Instituição e a secretária para conhecerem um trabalho do Serviço Espírita de Divulgação e Assistência (Seda), então dirigido pelo nosso confrade Alamar Régis de Carvalho[21]. Naquele momento, era apresentado o espiritismo via Satélite, em nível Brasil, nos estúdios da Embratel, numa iniciativa notável desse bandeirante do espiritismo pela televisão.

Presentes, dentre outros, os confrades Carlos Bernardo Loureiro, Wilson Midlej, Adenauer Novaes, salvo

---

20. Federação Espírita da Bahia (FEEB).
21. Alamar Régis de Carvalho desencarnou em 29 de fevereiro de 2016, vitimado por um câncer no pâncreas, em Jacareí (SP).

engano. Num debate ao vivo, iniciaram um questionamento sobre a virgindade de Maria. Um despropósito
naquele momento. Uma indelicadeza. Eles ouviram ca-
lados até o fim, depois saíram sem comentário algum.
Não participaram dos debates inúteis. Fica o registro.

Capítulo 56

Venha a nós o vosso reino

Equívoco abominável, o qual venho lutando para erradicar, mesmo nas hostes espíritas. A oração que o Divino Mestre nos ensinou diz: "Venha a nós o vosso reino". E não "venha nós ao vosso reino". Vejam que há grande diferença. O engano é até mesmo gramatical, pois *venha* não combina com *ao vosso reino*.

Em visita às terras santas (Israel e Palestina), estivemos exatamente numa pequena colina, onde hoje se ergue um pequeno templo, em cujas paredes internas, formando um quadrilátero (tal qual se vê nos azulejos do Convento de São Francisco, em Salvador), há a transcrição inteira da oração *Pai Nosso*, escrita em várias versões, diversos idiomas, inclusive português (de Portugal) e também em esperanto.

Fotografamos, passamos para o computador, ampliamos a imagem, imprimimos e distribuímos na Casa de Arapiraca, instituição espírita, onde estamos há mais de cinquenta anos. Conseguimos, ao menos, que o pessoal da mesa, dirigentes dos trabalhos, seguissem essa norma à risca: "Venha a nós o vosso reino". Mas, para minha surpresa, sempre que surge qualquer oportunidade de oração em favor de alguém, em urgência médica, todos orando em conjunto, verificamos que o vício do cachimbo na boca faz que repitam o erro.

Fica, aqui, esse registro, muito sério, pois é a oração que o Senhor proferiu e nos confiou. E se nem sabemos orar como ele nos confiou, devemos preocupar-nos em corrigir. Venha a nós o vosso Reino!

APÊNDICE

A CHEGADA DO ESPIRITISMO À TERRA

Sendo a Terceira Revelação, na palavra de Jesus, conforme ele mesmo prometera, a doutrina espírita foi organizada com base em critérios e métodos científicos, pesquisas, entrevistas, oitivas de médiuns incorporados. Kardec usou de sua própria experiência em vida, como professor emérito, educado no Castelo de Yverdun, na Suíça, pelo método do prof. Pestalozzi, de livre investigação, na busca incessante da verdade[22]. Ele questionava tudo, pregando a sua fé raciocinada, indagando de diversos médiuns, e confrontando as respostas. Analisava, perscrutava, comparava.

---

22. Hoje, graças ao acervo do dr. Canuto de Abreu, que a família transferiu à Fundação Espírita André Luiz (Feal), em Guarulhos (SP), e também às pesquisas do confrade Charles Kempf, na França, sabe-se que o codificador do espiritismo residiu muito pouco tempo na sua cidade natal, tendo a família se mudado para Bourg em Bresse, quando Denizard era ainda menino. Em 1807, quando seu pai desapareceu, a família mudou-se de novo, desta vez para Saint Denis Les Bourg, onde viveu com a mãe, o tio e a avó materna.

188 | JOSEVAL CARNEIRO

Àquela altura da vida, cinquentão, respeitado, mestre, autor de vários livros, uma gramática francesa, outro de fisiologia humana (chegaram a pensar que ele fosse médico), falando fluentemente o inglês, espanhol, alemão e o italiano, dentre outros, podia ir a fundo nas pesquisas, ajudado por sua mulher, Amélie Gabrielle Boudet, que desfrutava de boa condição econômica, dava-se ao luxo de dar aulas de química e física a pessoas pobres, à noite, em sua casa.

Sem os recursos de hoje, lutava com tipografia e linotipografia. Demorava-se nos trabalhos, enfraquecendo seu coração, pelo que era atendido regularmente pelo Dr. Demeure, pessoalmente, em Lyon, depois por carta, quando se mudou para Paris[23]. Acabou morrendo de um aneurisma no coração, que o prostrou, vestido, ao lado de sua escrivaninha.

O ESPIRITISMO COMBATEU DOGMAS E FEZ BRILHAR A VERDADE

Allan Kardec, como Jan Hus, sacerdote tcheco que viveu de 1388 a 1415, foi um dos principais interlocutores dos que se rebelaram contra certos dogmas impostos pelo catolicismo reinante, e, até, imposto pelas Guardas

---

23. Ainda com base nas pesquisas de Charles Kempf, sabemos hoje que Kardec jamais se encontrou com o dr. Demeure, que morava em Albi, no Sul da França. Na *Revue Spirite*, de 1865, em artigo sobre a desencarnação de Demeure, Kardec escreve: *Nous ne l'avons connu que par sa correspondance et celle de ses amis, mais elle a suffi pour nous révéler toute la grandeur et toute la noblesse de ses sentiments.* A partir de então, dr. Demeure continuará consultando o seu amigo, por via mediúnica, tendo mesmo o advertido várias vezes para que não se fatigasse tanto e recomendava-lhe repouso.

O QUE NÃO DISSE JESUS | 189

Pretorianas da Santa Inquisição, que conquistou e se apropriou de bens e grandes extensões rurais, incorporadas ao patrimônio feudal da Igreja. Combateu o pagamento das indulgências, 150 anos antes do nascimento de Martinho Lutero, depois acompanhado pelos movimentos que se estenderam com Calvino, Zwinglio.

Jan Hus, que comandava a iniciativa dos libelos contra a Igreja estabelecida, foi preso, colocado anos a fio nas masmorras, e depois, por não se retratar, foi levado à fogueira. Mas as labaredas não puderam consumir as ideias de Hus, que abriram caminho para outra reforma, ainda mais profunda, em 1512, com Lutero.

Assim dentre as cerca de 90 proclamações, afixadas nas portas da catedral de Wittenberg, na Alemanha, Lutero combateu muitas coisas que foram tomadas e decididas por impróprias, como o pagamento dos dízimos, dez por cento do que ganhavam os homens em seus labores, notadamente corporações de ofício e lavoura incipientes, "para gáudio de Deus" (*For God Sickness*), para obter-se o perdão dos pecados.

O Iluminismo prepara o advento do espiritismo

Durante o século XVIII, a França esteve sacudida pelas ideias libertárias da Revolução e pelas luzes dos enciclopedistas, no período denominado Iluminismo. Paris, a cidade-luz, assistiu ao lançamento das ideias mais avançadas, mas nem todas sobreviveram. Eram apresentadas pela manhã, nas Academias, como na Universidade de La Salpêtrière, diante de auditórios seletos,

190 | JOSEVAL CARNEIRO

e, se não tivessem substrato, já ao final da tarde sucumbiam, desapareciam, sob o influxo de acadêmicos como Jean-Martin Charcot.

Mas, já no século XIX, o espírito desse missionário renasce na França, em 3 de outubro de 1804, na cidade de Lyon. O antigo sacerdote druida, chamado então Allan Kardec, e que também estivera na Terra na figura de Jan Hus, nascido na região da Boêmia (hoje República Tcheca), reencarna no seio de família católica, como Hippolyte Léon Denizard Rivail.

Na primeira metade do século, a França passa por reviravoltas políticas. A coroação de Napoleão, no austero recinto da basílica principal de Paris, ora recuperada de um incêndio que quase a fez tombar, é emblemática. Naquela cerimônia, o corcel fez-se ele próprio coroar, dispensando o gesto papal, ali presente. Em seguida, coroou sua esposa Josephina, fazendo-a sua rainha, reafirmando, com esse ato, a dispensa de Deus para emprestar santidade à diplomação, iniciando-se, dessa forma, a era da razão. Esse período, embasado nas teorias de Pascal e outros positivistas, foi seguido de incertezas. Deus estaria morto? Era a pergunta do personagem Zaratustra em livro de Nietzsche, filósofo alemão.

Encerrado o império de Napoleão, o país experimenta a volta da República para cair, mais tarde, outra vez no regime imperialista de Napoleão III. É quando se levanta a figura do ínclito mensageiro, Allan Kardec, para organizar o pensamento para o século 19 e seguintes, cumprindo as promessas de Jesus, de que o Pai nos enviaria um Consolador, aliando fé e razão, e apresentan-

O QUE NÃO DISSE JESUS | 191

do Deus como a Inteligência Suprema e causa primeira de todas as coisas.

Por volta de 1855, *Le professeur* Rivail, como era conhecido, travará contato com o fenômeno das mesas girantes. Em 1857 publica *O Livro dos Espíritos*, primeira obra do pentateuco que constitui a codificação espírita. Além das cinco obras básicas – *O Livro dos Espíritos*, *O Livro dos Médiuns*, *O Evangelho segundo o Espiritismo*, *O Céu e o Inferno* e *A Gênese* – publicou diversas brochuras, além de editar, por 12 anos, a *Revista Espírita*, de janeiro de 1858 a abril de 1869. (Antes da desencarnação, em 31 de março de 1869, Kardec já havia deixado no prelo a edição do mês seguinte.) Legou-nos, pois, um rico manancial, estabelecendo as bases de uma nova filosofia, com embasamento religioso.

CARACTERES DA FÉ RACIOCINADA

Os espíritos disseram a Kardec que era preferível recusar nove verdades a aceitar uma só mentira. Portanto, submetia tudo ao crivo da razão. Por isso alguns o proclamam ser uma ciência, e o é, submetendo a fé à razão pura.

Mas Kardec preferiu submeter a fé aos rigores da ciência. A isso chamou fé raciocinada. Assim, ainda no cemitério de Montmartre[24], o insigne Nicolau Camile

---

24. Dois anos depois, os despojos foram trasladados para o cemitério de Père Lachaise, também em Paris, para o mausoléu druida, com grandes pedras sobrepostas (dólmen), com a inscrição *Naitre, mourir, renaitre encore et progresser sans cesse, telle est la Loi*. Ou seja: Nascer, morrer, renascer ainda e progredir sem cessar. Tal é a Lei.

Flammarion, astrofísico, no seu laudatório fúnebre, chamou-o de "o bom-senso encarnado".

Carregar a própria cruz

Um homem teria que cumprir um itinerário carregando uma cruz de madeira, que lhe foi entregue no almoxarifado. E como a achasse meio em desconforme com seu biótipo, pediu ao encarregado que lhe deixasse escolher outra.

Tomou de uma, mas achou-a grande demais. Outra, mas a considerou curta. Enfim, volveu a todas até chegar a uma a que aderiu, agradeceu e levou, ouvindo do dirigente que aquela fora a primeira que lhe fora entregue anteriormente.

Quase sempre consideramos nossos encargos como demasiadamente pesados. Espreitando e comparando com os do vizinho. Assim, o homem saiu pelo percurso combinado, observando que todos levavam sua própria cruz. Mas ele, espertinho, parou num certo trecho, serrou uns dez centímetros, e prosseguiu, mais leve. Ao cabo de uma hora ele parou novamente e, outra vez, serrou mais dez centímetros. E, assim, procedeu por mais umas quatro vezes.

Em dado momento defrontou-se com um pequeno riacho, no percurso, verificando que seus antecessores depositavam sua cruz sobre o riacho, como se fizessem uma ponte, e transpunham o obstáculo. O homem, que encurtara a cruz seguidas vezes, percebeu então que esta não tinha extensão suficiente para alcançar a outra margem. E ficou na retaguarda.

Assim é a vida. Cada qual com sua cruz. Carregando a evolução e curtimento das suas mazelas, ou seja, construindo cada um o próprio destino. Ninguém pode fazer pelo outro.

Jesus, o Sublime Mensageiro, afirmou: "Eu sou o caminho, a verdade e a vida, ninguém vai ao Pai senão por mim". Esse "senão por mim" significa somente "por seu intermédio e tão só por seu intermédio". Claro que as intercessões em favor de outrem atingem o fim colimado, ameniza as faltas, desculpa as fraquezas. Mas não podemos furtar-nos ao cumprimento das tarefas, dos deveres, do carma constituído em encarnações passadas. O juízo final, pode ser entendido, é uma advertência, um aviso aos navegantes, para que se conduzam de modo melhor na vida, a fim de que as bênçãos do Senhor recaiam sobre cada um de nós.

Impulso interior

Costumamos dizer que Deus habita em nós. Realidade Divina, o princípio imanente reside na molécula, desde a simples ameba, das profundezas abissais, até a evolução maior, com os aminoácidos, resultantes da incidência da energia dos raios e trovões, sobre a atmosfera terrestre, precipitando as chuvas, que criaram rios e mares, seres répteis e alados, em busca do *homo spirituallis*.

Para acelerar o progresso dos filhos de Capela, para cá foram enviados, ao arquipélago helênico, entidades dotadas dos melhores saberes, na matemática, na geometria, nas artes e na filosofia, conquanto ainda se

194 | JOSEVAL CARNEIRO

organizando na estatura e compleição ético-moral de que careciam.

Trazendo no imo essa chama interior, voltada atavicamente para o bem, somos condenados aos procederes, calcados na Chama Divina, que nos incita sempre. As mensagens dos profetas, preconizando os dizeres de Moisés, depois transmudados nas amorosidades de Jesus, retornaram com os Consoladores, como num longínquo ano-luz.

Mas não foram, todavia, bem difundidas e entendidas. Por isso a obra complementar dos espíritos. Acalenta-nos saber que a obra não para. Que os soberanos ditames estão latentes em nosso imo. Avançamos, enquanto sorrimos. Progredimos. Esse impulso interior está ínsito em nosso ser espiritual. Por isso, não estamos estáticos aguardando o juízo final, mas somos metamorfoses em andamento.

LIVRE-ARBÍTRIO E DETERMINISMO

A Divindade Superior cuida para que sejamos dotados de dois princípios imutáveis, que são o determinismo e o livre-arbítrio. Por meio do determinismo, ditado por nossos procederes no passado remoto, voltamos à vida material predestinados a uma série de acontecimentos, dada a lei de atração, do *similia similibus curantur* (semelhante cura semelhante), também muito falada na homeopatia de Hahnemann[25], que nos proporciona o

---

25. Samuel Hahnemann, o pai da homeopatia (nascido em Meissen, Alemanha, ano de 1755. Morto em Paris, França, no ano de 1843). A homeopatia parte do princípio *similia similibus curantur*, ou seja, os semelhantes curam-se pelos semelhantes. As doenças são curadas por remédios que produzem efeitos semelhantes aos da própria doença. **Nota do Revisor**

encontro com o nosso eu interior, inconsciente profundo, na busca incessante do evolucionismo, sempre.

Mas esse dever ser, sofre as injunções modeladoras do livre-arbítrio, que nos faculta aparar as arestas do passado, próximo e remoto. Dessa forma o Criador nos permite interagir no nosso próprio destino. Ao contrário de nos condenar a penas eternas, ou deixar-nos inertes aguardando um juízo final, Ele nos atende, como também preconiza o princípio da psicologia cognitiva comportamental, de A. Becker, incidindo diretamente na moldagem do ser em constante evolução, química-pensante. Esse modelo organizador biológico, cunhado pelo engenheiro brasileiro Hernani Guimarães Andrade.

Do homem de Neanderthal até o *homo sapiens*, evoluindo para o *homo tecnologicus*, ou digital, chegando aos píncaros do conhecimento, no alvorecer da Era de Regeneração, que atravessa os próximos milênios, devemos expungir toda maldade do nosso ser, amando-nos uns aos outros, como Jesus nos amou, até alcançarmos o estágio de espírito puro.

LEI DE CAUSA E EFEITO

Um princípio da física que Kardec esposa, dizendo: efeito inteligente provém de causa inteligente. Isto é, há uma causa inteligente para tudo. E justamente Deus é a Suprema Sabedoria. *Causa causarum*, isto é, causa de todas as coisas.

A ideia morfológica de um Deus igual ou semelhante a nós, antropomórfico, esbarra num primarismo decorrente da ideia simplista de que o Universo se encerrava no planeta Terra. E, mais que isso, circunscrito à região ou mapa conhecido. Assim, aquele ser de barbas brancas, sentado num trono, explicava a ideia de um Pai, soberano, que reinava sobre todos nós.

A epigenia, de um Deus Natureza, causal, que rege a vida, significa uma Lei Natural das coisas. Como, por exemplo, de a água ferver a 100 graus centígrados, em qualquer lugar do Globo e em qualquer circunstância.

Por isso não derrogamos as leis. Elas existem por si mesmas, lei natural, obedecendo a um princípio causal, de causa e efeito.

Todo bem e todo mal gerados implicam, inexoravelmente, um fenômeno causal, de causa e efeito.

Ao gerar uma energia com nossos feitos, nossos pensamentos, nossos agires, seremos receptores desse regresso, dessa mesma lei. Por esta razão se diz: aqui se faz, aqui se paga.

Se entendermos bem esse silogismo, somente faremos o bem, posto que essa energia voltará inapelavelmente para nós mesmos, dada à lei de atração recíproca. Por isso dizemos que espiritismo é ciência.

VOCÊ PRECISA CONHECER:

O Evangelho é um santo remédio
Joseval Carneiro
Autoajuda • 14x21 cm • 184 pp.

De forma leve e didática, o autor nos brinda com relatos de curas maravilhosas, informações sobre plantas medicinais e lições de como agir perante as vicissitudes da vida. Tal é a importância dos ensinamentos aqui contidos que a presente obra deve logo se transformar em livro de cabeceira para todo aquele que desejar viver de forma plena e feliz.

Seja feliz agora
Joseval Carneiro
Autoajuda • 14x21 cm • 184 pp.

A ingratidão encerra uma tendência de nos sentirmos insatisfeitos com o presente. A cada capítulo deste seu novo livro, Joseval Carneiro nos convida a sermos felizes agora, encontrando a satisfação em viver como filhos de Deus. Abra a sua mente e o seu coração e aceite este convite: seja feliz agora!

Pílulas de saúde espiritual
Joseval Carneiro
Autoajuda • 14x21 cm • 200 pp.

A ideia da dupla de experientes autores é oferecer mais que um livro de autoajuda: pautados em experiências próprias e em pesquisas, pensamentos e impressões desenvolvidos por grandes nomes da filosofia e da psicanálise, convidam os leitores a desenvolverem o pensamento crítico, aprendendo, com isso, a atuar de forma mais salutar em seu cotidiano, em suas relações.

VOCÊ PRECISA CONHECER:

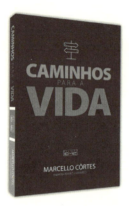

Caminhos para a vida
Marcello Côrtes | Irmão Hammed (espírito)
Mensagens mediúnicas • 14x21 cm • 224 pp.

Escrito antes do início da pandemia do coronavírus, Caminhos para a vida apresenta textos motivacionais muito relacionados aos problemas que a humanidade enfrentou – e continuará enfrentando – em sua busca pela perfeição. Sua leitura abre-nos os horizontes e nos faz enxergarmo-nos como participantes ativos de nossa própria história.

O reformador de almas
Ariovaldo Cavarzan
Autoajuda • 10x14 cm • 88 pp.

Autor consegue, através de linguagem poética inspirada, sintonizar-se com o que há de essencial nos ensinamentos do mestre Jesus. Através das mensagens espirituais deste livro pequeno em tamanho, mas muito grande em aprendizado espírita, podemos meditar, refletir ou utilizá-lo para a prática do evangelho no lar.

O homem que veio da sombra
Luiz Gonzaga Pinheiro
Mensagens • 14x21 cm • 168 pp.

Luiz Gonzaga Pinheiro sempre soube usar a palavra para encantar, quer seja nas reuniões que participa ou nos diversos livros publicados.